Pão Diário

ENSINA-ME A VIVER DE ACORDO COM A TUA VERDADE

SALMO 25:5

90 REFLEXÕES PARA JOVENS

90 reflexões para jovens
Copyright © 2024 Publicações Pão Diário
Todos os direitos reservados.

Coordenação editorial: Adolfo A. Hickmann
Adaptação e revisão: Giovana Caetano, Rita Rosário, Marília P. Lara
Coordenação gráfica: Audrey Novac Ribeiro
Projeto gráfico e capa: Rebeka Werner
Imagens internas: © Shutterstock, © Freepik
Ilustração da capa: Gabriel Ruiz Araújo

Dados Internacionais de Catalogação na Publicação (CIP)

FELTEN, Tom (Editor)
90 reflexões para jovens
Curitiba/PR, Publicações Pão Diário, 2024

1. Devocional   2. Vida cristã   3. Discipulado   4. Jovens   5. Relacionamentos

Proibida a reprodução total ou parcial sem prévia autorização por escrito da editora.
Todos os direitos reservados e protegidos pela Lei 9.610, de 19/02/1998.
Permissão para reprodução: permissao@paodiario.org

Exceto se indicado o contrário, as citações bíblicas são extraídas da Nova Tradução na
Linguagem de Hoje © 2000, Sociedade Bíblica do Brasil.

Publicações Pão Diário
Caixa Postal 9740
82620-981 Curitiba/PR, Brasil
publicacoes@paodiario.org
www.publicacoespaodiario.com.br
Telefone: (41) 3257-4028

UB965 • 978-65-5350-394-6

1ª edição 2024

Impresso na China

APRESENTAÇÃO

Todos nós precisamos de palavras que revigorem o coração e alegrem a alma. No turbilhão de eventos que acontecem diariamente e das circunstâncias que nos desafiam, a grande vantagem que temos é saber que Deus nos deixou um tesouro precioso para iluminar nossa jornada.

Em *90 Reflexões para jovens*, pensamos especialmente em você e preparamos meditações para contribuirmos com o seu relacionamento com Jesus, a Palavra da vida (João 1:1-4)! Selecionamos tópicos da vida real, como o amor de Deus, relacionamentos, alegria, encorajamento, vida em comunhão, santidade etc.

Oferecemos algumas dicas práticas que o ajudarão a aproveitar melhor o seu tempo com Deus nesta caminhada:

DESACELERE E REFLITA

Sugerimos que você leia o versículo de abertura e o artigo inicial e destaque as partes que chamarem sua atenção.

LEIA

A passagem bíblica indicada, em versão contemporânea e acessível, norteará seu encontro diário com Deus. Foque sua atenção na mensagem revelada no texto. O que Deus diz a você?

EXAMINE

Aproveite esta oportunidade para refletir um pouco mais sobre a Palavra de Deus e fazer *links* com outras passagens. Lembre-se: a Bíblia se autoexplica.

CONSIDERE

A consequência dessa breve e singular caminhada com Deus fará você refletir sobre como colocar em prática aquilo que Senhor lhe mostrou nesse momento. Guarde sua decisão no coração e ore para encerrar o seu precioso devocional.

Que o Senhor Deus guie a sua jornada por meio de experiências maravilhosas na presença dele!

dos editores do *Pão Diário*

DIA 1

FIM DO MUNDO?

...Por serem meus seguidores, vocês serão levados aos governadores e reis para serem julgados e falarão a eles sobre o evangelho. Pois, antes de chegar o fim, o evangelho precisa ser anunciado a todos os povos.
(Marcos 13:9-10)

A premissa do filme *2012: O ano da profecia* era de que o mundo acabaria em 21 de dezembro daquele ano. Nesse dia, o antigo calendário maia acabava oficialmente. *Sim, faz de conta...*

Os cristãos de todas as gerações sempre creram que Jesus viria em seu tempo, pois viam os "sinais" em seus dias (Lucas 21:7): guerras e revoluções, grandes terremotos e tsunamis, fome e pragas, além de desastres terríveis nunca antes vistos (vv.9-11). Os que creem em Jesus também têm sido fortemente perseguidos em todas as épocas (v.12).

Com os eventos mundiais que estão acontecendo hoje, pode parecer que a frequência e a intensidade desses "sinais" são maiores do que nunca. Você pode até pensar: Com certeza, essas são as provas de que o fim está próximo.

Em vez de revelar aos discípulos uma data específica, Jesus alertou: "Tomem cuidado para que ninguém engane vocês [...] dizendo:'[...] Já chegou o tempo" (v.8). "...Pois é preciso que essas coisas aconteçam primeiro. Mas isso não quer dizer que o fim esteja perto" (v.9). Fomos instruídos a não deixar que aquele dia "nos pegue de surpresa" (v.34), mas a "vigiar" (v.36). Jesus vai voltar (v.35). Quando? Não há como sabermos. Só o Pai sabe (Marcos 13:32-33). Falta pouco? Sim, hoje está mais perto do que ontem (Romanos 13:11-12). Iminente? A volta de Jesus vai ser de forma inesperada, como um ladrão na noite (Lucas 21:34-35; 1 Tessalonicenses 5:2-4). Cedo? Talvez hoje.

E então? Jesus ordena que usemos essa oportunidade que vem com o crescimento do interesse sobre o fim do mundo. O Mestre lembra-nos: "E isto dará oportunidade a vocês para anunciarem o evangelho" (Lucas 21:13). Pois, antes de chegar o fim, o evangelho precisa ser anunciado a todos os povos (Marcos 13:10; Mateus 24:14). —*K. T. Sim*

LEIA › Lucas 21:5-19–25:36

⁵ *Algumas pessoas estavam falando de como o Templo era enfeitado com bonitas pedras e com as coisas que tinham sido dadas como ofertas. Então Jesus disse:* ⁶ *— Chegará o dia em que tudo isso que vocês estão vendo será destruído. E não ficará uma pedra em cima da outra.* ⁷ *Aí eles perguntaram: — Mestre, quando será isso? Que sinal haverá para mostrar quando é que isso vai acontecer?* ⁸ *Jesus respondeu: — Tomem cuidado para que ninguém engane vocês. Porque muitos vão aparecer fingindo ser eu, dizendo: "Eu sou o Messias" ou "Já chegou o tempo". Porém não sigam essa gente.* ⁹ *Não tenham medo quando ouvirem falar de guerras e de revoluções. Pois é preciso que essas coisas aconteçam primeiro. Mas isso não quer dizer que o fim esteja perto.* ¹⁰ *E continuou: — Uma nação vai guerrear contra outra, e um país atacará outro.* ¹¹ *Em vários lugares haverá grandes tremores de terra, falta de alimentos e epidemias. Acontecerão coisas terríveis, e grandes sinais serão vistos no céu.* ¹² *— Mas, antes de acontecer tudo isso, vocês serão presos e perseguidos. Vocês serão entregues para serem julgados nas sinagogas e depois serão jogados na cadeia. Por serem meus seguidores, vocês serão levados aos reis e aos governadores para serem julgados.* ¹³ *E isso dará oportunidade a vocês para anunciarem o evangelho.* ¹⁴ *Resolvam desde já que não vão ficar preocupados, antes da hora, com o que dirão para se defender.* ¹⁵ *Porque eu lhes darei palavras e sabedoria que os seus inimigos não poderão resistir, nem negar.* ¹⁶ *Vocês serão entregues às autoridades pelos seus próprios pais, irmãos, parentes e amigos, e alguns de vocês serão mortos.* ¹⁷ *Todos odiarão vocês por serem meus seguidores.* ¹⁸ *Mas nem um fio de cabelo de vocês será perdido.* ¹⁹ *Fiquem firmes, pois assim vocês serão salvos. [...]*

³⁶ *Portanto, fiquem vigiando e orem sempre, a fim de poderem escapar de tudo o que vai acontecer e poderem estar de pé na presença do Filho do Homem, quando ele vier.*

EXAMINE ›

Como devemos viver à luz da iminente volta de Jesus?
(Romanos 13:11-14;
1 Tessalonicenses 5:1-10;
2 Pedro 3:3-15).

CONSIDERE ›

Jesus lembra de que os "últimos dias" dão oportunidades para falarmos dele aos outros (Lucas 21:13). Como compartilhar o evangelho durante a semana?

DIA 2 ⟩⟩⟩⟩⟩⟩⟩⟩⟩⟩

VIVA LA VIDA

*...a rainha entre as nações
hoje não passa de uma escrava.*
(Lamentações 1:1)

Com a progressão exuberante dos acordes de uma orquestra e uma melodia contagiante, a música *Viva la Vida*, da banda *Coldplay*, ganhou o Grammy de música do ano em 2009. Esse título transmite uma amarga ironia. O protagonista descrito na letra tinha tido imenso poder, mas agora lidava com uma mudança de sorte. "Eu dominava o mundo", afirma a letra, mas agora "varro as ruas que eram minhas."

Lamentações é uma música amargurada sobre a mudança de sorte de Jerusalém — "...a rainha entre as nações hoje não passa de uma escrava" (1:1). Dominadas e abatidas pelos brutais exércitos babilônios e pelas terríveis e desesperadoras circunstâncias da cidade, as mães foram obrigadas a praticar canibalismo com seus filhos (2:20; 4:10). A devastação de Jerusalém era o claro julgamento divino dos pecados do povo. Aos pesarosos olhos do poeta, a salvação parecia quase inatingível. Quase.

O livro é concluído com uma mistura curiosa e um tanto amarga de esperança e pesar, dúvida e fé. "Mas tu, ó Senhor, reinas para sempre [...]. Faze com que voltemos a ti, ó Senhor..." (5:19-21). Mesmo assim, termina com uma questão assustadoramente hesitante: "Por que te enfurecerias sobremaneira contra nós outros?" (v.22).

Felizmente, a lamentação sobre os julgamentos não é a única música da Palavra de Deus. "A ti, ó Deus, eu cantarei uma nova canção...", disse o salmista (Salmo 144:9). E o Novo Testamento inspira nossa nova canção com essa declaração triunfante: "Agora já não existe nenhuma condenação para as pessoas que estão unidas com Cristo Jesus" (Romanos 8:1). "Pois a lei do Espírito de Deus, que nos trouxe vida por estarmos unidos com Cristo Jesus, livrou você da lei do pecado e da morte" (v.2).

A música que cantamos hoje é, muitas vezes, dissonante. No entanto, na eternidade será indescritivelmente exuberante, pura, revigorante e alegre. *Viva la vida.*

—Tim Gustafson

LEIA › Lamentações 1:1-9,21-22

¹ *Como está abandonada Jerusalém, a cidade que antes vivia cheia de gente! Ela era respeitada no mundo inteiro, mas agora parece uma viúva; a rainha entre as nações hoje não passa de uma escrava.* ² *Ela chora a noite inteira, as lágrimas correm pelo seu rosto. Dos seus antigos amigos não ficou nenhum para a consolar. Todos eles a traíram e agora são inimigos dela.* ³ *O povo de Judá foi levado para longe da sua pátria e sofre como escravo em trabalhos forçados. Eles moram em outros países e não têm descanso. Estão cercados pelos seus perseguidores e não podem escapar.* ⁴ *As estradas que levam a Sião estão tristes, pois não há ninguém que vá por elas para as festas religiosas. As moças que cantavam no Templo estão aflitas, e os sacerdotes vivem gemendo. A cidade sofre amargamente, e não há gente para se reunir nas suas praças.* ⁵ *Os seus inimigos a dominam, e para eles tudo vai bem. É que o S*ENHOR *Deus fez Jerusalém sofrer por causa dos muitos pecados dos seus moradores. Os seus filhos foram presos pelos inimigos e levados para longe da sua pátria.* ⁶ *A beleza de Jerusalém é coisa do passado. As suas autoridades são como corços que estão fracos de fome e fogem, sem forças, dos caçadores.* ⁷ *Nestes dias de tristeza e aflição, Jerusalém lembra de todas as riquezas que teve no passado. Ela se recorda de que ninguém veio ajudá-la quando caiu em poder dos inimigos, que zombaram dela na sua queda.* ⁸ *Ela perdeu a honra; está nua, e todos a desprezam. Ela vive gemendo e esconde o rosto, envergonhada. Jerusalém se tornou impura, por haver pecado gravemente.* ⁹ *Era fácil ver a mancha do seu pecado. Jerusalém não pensou no que poderia acontecer. Ela caiu de modo terrível e não tem quem a console. Os seus inimigos venceram, e ela pede que o S*ENHOR *tenha misericórdia.* [...]

EXAMINE ›

Qual é o contexto da canção que Isaías anseia que seu povo cante? (42:8-13). Por que o Senhor estava com ciúmes? (v.8).

CONSIDERE ›

De que maneira você descreveria a canção da sua vida? Como essa música pode ajudá-lo a ser honesto diante do seu Criador?

²¹ *"Ó Deus, ouve os meus gemidos, pois não há ninguém que me console. Todos os meus inimigos sabem da minha desgraça e ficam contentes porque tu me fizeste sofrer. Faze com que venha o dia que prometeste, para que os meus inimigos sofram tanto quanto eu.* ²² *"Condena-os por causa de todas as suas maldades, castiga-os como me castigaste por causa dos meus pecados. Eu não paro de gemer, e o meu coração está doente."*

DIA 3

BEM TEMPERADAS

*Que as suas conversas sejam
sempre agradáveis e de bom gosto,
e que vocês saibam também
como responder a cada pessoa!*
(Colossenses 4:6)

Durante uma entrevista coletiva em Nova Iorque para o filme *Além da Vida*, de Clint Eastwood, os jornalistas estavam nitidamente impressionados com ele. Quando um repórter brasileiro se desculpou por seu mau domínio do inglês e pela "pergunta boba", Eastwood inclinou-se para frente em sua cadeira e lhe disse: "Nenhuma pergunta é boba."

Depois do evento, outro jornalista relatou: "Temos a impressão de que Eastwood sempre respeita o que os outros pensam e sentem."

E nós? O que os outros pensam da maneira como nos comportamos? Na epístola de Paulo à igreja em Colosso, ele os relembrou de que Jesus vivia neles (Colossenses 1:27). Essa realidade pedia uma mudança na forma como viviam.

Assim, nos capítulos 3 e 4 ele os ensinou a viver essa vida em Cristo. Uma das suas instruções foi de que falassem adequadamente uns com os outros. Lemos: "Que as suas conversas sejam sempre agradáveis..." (4:6).

Palavras agradáveis são saudáveis, apropriadas, bondosas, amorosas, ponderadas e sensíveis. Não são palavras amargas, ásperas, corrosivas, prepotentes ou vingativas.

Que as nossas palavras reflitam a graça sempre — em situações estressantes, quando somos ofendidos, quando discordamos de nosso cônjuge ou filhos, e em conversas casuais com nossos vizinhos. Que nosso discurso seja cheio de graça, em qualquer situação. Além disso, que nossas palavras sejam "agradáveis" ou "temperadas com sal". Nosso objetivo não deve ser bajular os outros, mas, assim como o sal, falar a verdade em amor para trazer cura e prevenir a corrupção.

Deveríamos nos assegurar de que as conversas sejam temperadas com ideias atrativas para que os ouvintes se sintam estimulados e que sua curiosidade brote. A sua conversa reflete Jesus, que vive em você? —*Poh Fang Chia*

LEIA › Colossenses 4:2-6

² Continuem firmes na oração, sempre alertas ao orarem e dando graças a Deus. ³ Orem também por nós a fim de que Deus nos dê uma boa oportunidade para anunciar a sua mensagem, que trata do segredo de Cristo. Pois é por causa dessa mensagem que estou na cadeia. ⁴ Portanto, orem para que eu faça com que o segredo de Cristo seja bem-conhecido, como é o meu dever. ⁵ Sejam sábios na sua maneira de agir com os que não creem e aproveitem bem o tempo que passarem com eles. ⁶ Que as suas conversas sejam sempre agradáveis e de bom gosto, e que vocês saibam também como responder a cada pessoa!

EXAMINE ›

O livro de Lucas 4:22 diz que palavras de graça vêm dos lábios de Jesus. Observe como Jesus demonstrou graça ao tratar com a mulher samaritana (João 4) e com a mulher que foi pega em adultério (8:3-11).

CONSIDERE ›

Em que momento e para quem você sente vontade de falar palavras indelicadas e desagradáveis? Como agir diferente, por reconhecer que Jesus está em você?

DIA 4 〉〉〉〉〉〉〉〉〉〉

A VIDA NA VIDEIRA

*Eu sou a videira,
e vocês são os ramos...*
(João 15:5)

Muitos dizem que me pareço com meu pai. Quando estava na terceira ou quarta série, uma menina olhou para meu pai e para mim e exclamou: "Olhem, gêmeos!". Como a maioria dos meninos, eu queria ser alto e ganhar músculos. Queria crescer e ser como meu pai. Entretanto, não havia muita coisa que eu pudesse fazer para que isso acontecesse. Eu desejava aquilo e fiz meu melhor comendo todos os legumes; mas na maior parte do tempo, só tinha que esperar.

Imerso numa cultura que conhecia vinhedos, Jesus usou a imagem de uvas crescendo em parreiras para explicar como aqueles que o seguem recebem vida e desenvolvem plena maturidade. Os personagens no vinhedo são estabelecidos. Jesus é a "videira verdadeira", o "Pai é o lavrador" e "[nós] somos os ramos" (João 15:1,5). Os papéis são claros, porém muitos problemas acontecem quando os confundimos.

A vida flui para os galhos por meio da vinha. Esta provê regular e gratuitamente todos os ingredientes que os ramos necessitam para que o fruto venha. Os galhos simplesmente os absorvem, ficam aninhados em lugar seguro e permitem que o fruto seja produzido. Jesus é bastante claro: "...assim como o ramo só dá uvas quando está unido com a planta, assim também vocês só podem dar fruto se ficarem unidos comigo" (v.4).

Permanecer é ficar, descansar, habitar (ou viver). Em outras palavras, nosso trabalho é viver obedientemente em Jesus e então ver a vida de Deus fluindo por intermédio de nós, fazendo surgir belos e deliciosos frutos. Em nós mesmos, só vamos murchar e morrer. Sem Deus seremos inúteis, pois sem Jesus nada podemos fazer (v.5).

Você quer a verdadeira vida que produz frutos duradouros e glorifica a Deus? Permaneça em Jesus. —*Winn Collier*

LEIA › João 15:1-17

¹ *Jesus disse: — Eu sou a videira verdadeira, e o meu Pai é o lavrador.* ² *Todos os ramos que não dão uvas ele corta, embora eles estejam em mim. Mas os ramos que dão uvas ele poda a fim de que fiquem limpos e deem mais uvas ainda.* ³ *Vocês já estão limpos por meio dos ensinamentos que eu lhes tenho dado.* ⁴ *Continuem unidos comigo, e eu continuarei unido com vocês. Pois, assim como o ramo só dá uvas quando está unido com a planta, assim também vocês só podem dar fruto se ficarem unidos comigo.* ⁵ *— Eu sou a videira, e vocês são os ramos. Quem está unido comigo e eu com ele, esse dá muito fruto porque sem mim vocês não podem fazer nada.* ⁶ *Quem não ficar unido comigo será jogado fora e secará; será como os ramos secos que são juntados e jogados no fogo, onde são queimados.* ⁷ *Se vocês ficarem unidos comigo, e as minhas palavras continuarem em vocês, vocês receberão tudo o que pedirem.* ⁸ *E a natureza gloriosa do meu Pai se revela quando vocês produzem muitos frutos e assim mostram que são meus discípulos.* ⁹ *Assim como o meu Pai me ama, eu amo vocês; portanto, continuem unidos comigo por meio do meu amor por vocês.* ¹⁰ *Se obedecerem aos meus mandamentos, eu continuarei amando vocês, assim como eu obedeço aos mandamentos do meu Pai e ele continua a me amar.* ¹¹ *— Eu estou dizendo isso para que a minha alegria esteja em vocês, e a alegria de vocês seja completa.* ¹² *O meu mandamento é este: amem uns aos outros como eu amo vocês.* ¹³ *Ninguém tem mais amor pelos seus amigos do que aquele que dá a sua vida por eles.* ¹⁴ *Vocês são meus amigos se fazem o que eu mando.* ¹⁵ *Eu não chamo mais vocês de empregados, pois o empregado não sabe o que o seu patrão faz; mas chamo vocês de amigos, pois tenho dito a vocês tudo o que ouvi do meu Pai.* ¹⁶ *Não foram vocês que me escolheram; pelo contrário, fui eu que os escolhi para que vão e deem fruto e que esse fruto não se perca. Isso a fim de que o Pai lhes dê tudo o que pedirem em meu nome.* ¹⁷ *O que eu mando a vocês é isto: amem uns aos outros.*

EXAMINE ›

Leia João 15:1-17 novamente. O que Deus vai fazer? O que nós devemos fazer?

CONSIDERE ›

Você se sente propenso a pensar que é a sua própria fonte de força e vida? O que é preciso para que você simplesmente descanse em Deus?

DIA 5

SÓ UMA SOMBRA

Vocês o amam, mesmo sem o terem visto, e creem nele, mesmo que não o estejam vendo agora. Assim vocês se alegram com uma alegria tão grande e gloriosa, que as palavras não podem descrever. (1 Pedro 1:8)

No filme *A Origem*, a tecnologia permite às pessoas tocarem nas mentes das outras pela invasão de sonhos. Dom Cobb, o herói nada perfeito do filme, perde sua esposa Mal quando esta comete suicídio devido aos efeitos ilusórios da invasão da sua memória dentro do sonho. No entanto, Mal continua aparecendo nitidamente a Dom em seus sonhos. No final, vendo a necessidade de deixar que sua "pseudoesposa" partisse, Dom lhe diz: "Não consigo imaginá-la em toda a sua complexidade, toda a sua perfeição e imperfeição [...] você é só uma sombra da minha mulher verdadeira [...] Desculpe-me, você não é boa o suficiente."

Às vezes, o Jesus que temos em mente é apenas a uma sombra do que Jesus é na verdade. Em vez de experimentarmos o poder de Sua presença em nós (1 Pedro 1:5; Colossenses 1:27), nos agarramos a Ele somente quando estamos com medo ou necessitados. Em vez de viver com "uma viva esperança" (1 Pedro 1:3) de estar com Ele para sempre, vivenciamos um pavor sombrio e persistente à medida que encontramos as imperfeições da vida.

Pedro nos diz algumas palavras para tirar-nos de nosso estado de torpor e nos ajudar a cair na realidade da vida em Jesus: "Vocês o amam, mesmo sem o terem visto e creem nele, mesmo que não o estejam vendo agora..." (v.8). Por nossa fé (v.5) vivemos a alegria de cada momento (v.8) que provém de conhecer a Jesus e andar com Ele. Não estamos sozinhos quando enfrentamos provações (v.6). O Senhor nos permite sermos testados pelo fogo das dificuldades para que a nossa fé nele seja purificada e aperfeiçoada (v.7). E um dia, nossa recompensa por confiar nele será a salvação da nossa alma (v.9).

Não viva na sombra de Jesus. Experimente, pela fé, estar na presença dele ainda hoje. —*Tom Felten*

LEIA › 1 Pedro 1:3-9

³ Louvemos ao Deus e Pai do nosso Senhor Jesus Cristo! Por causa da sua grande misericórdia, ele nos deu uma nova vida pela ressurreição de Jesus Cristo. Por isso o nosso coração está cheio de uma esperança viva. ⁴ Assim esperamos possuir as ricas bênçãos que Deus guarda para o seu povo. Ele as guarda no céu, onde elas não perdem o valor e não podem se estragar, nem ser destruídas. ⁵ Essas bênçãos são para vocês que, por meio da fé, são guardados pelo poder de Deus para a salvação que está pronta para ser revelada no fim dos tempos. ⁶ Alegrem-se por isso, se bem que agora é possível que vocês fiquem tristes por algum tempo, por causa dos muitos tipos de provações que vocês estão sofrendo. ⁷ Essas provações são para mostrar que a fé que vocês têm é verdadeira. Pois até o ouro, que pode ser destruído, é provado pelo fogo. Da mesma maneira, a fé que vocês têm, que vale muito mais do que o ouro, precisa ser provada para que continue firme. E assim vocês receberão aprovação, glória e honra, no dia em que Jesus Cristo for revelado. ⁸ Vocês o amam, mesmo sem o terem visto, e creem nele, mesmo que não o estejam vendo agora. Assim vocês se alegram com uma alegria tão grande e gloriosa, que as palavras não podem descrever. ⁹ Vocês têm essa alegria porque estão recebendo a sua salvação, que é o resultado da fé que possuem.

EXAMINE ›

Em 1 Coríntios 13:12, Paulo descreve o desafio que enfrentamos na luta para viver pela fé. Note no final do versículo como Deus nos conhece.

CONSIDERE ›

Como tem sido experimentar só uma sombra do que Jesus é? De que maneira você pretende andar por Seu poder e presença hoje?

DIA 6 〉〉〉〉〉〉〉〉〉〉
FORTE TENTAÇÃO

Ali [Jesus] foi tentado pelo Diabo durante quarenta dias...
(Lucas 4:2)

Eu dirigia por uma rua bem movimentada quando um cone de sorvete de 2,5m se aproximou, vindo de frente em minha direção, e passou. Pisquei e conferi pelo retrovisor. Era a propaganda de um restaurante, algo como uma homenagem a um sorvete de menta com gotas de chocolate, definitivamente uma tentação para esta formiguinha!

Jesus não era imune à tentação e desafiou Seus seguidores a ficarem alertas e orar para que não cedessem (Mateus 26:41). Também lhes lembrou de que embora seja "...fácil querer resistir à tentação; o difícil mesmo é conseguir".

O Senhor conhecia a fraqueza de nosso corpo depois de ter passado por solidão e jejum no deserto (Lucas 4:2). Depois de 40 dias de fome, foi desafiado por Satanás a transformar uma pedra em pão. Mas usou as Escrituras para resistir à tática satânica (v.4).

Satanás tentou outra tática: mentir. Depois de mostrar a Jesus todos os reinos do mundo disse: "Eu lhe darei todo este poder e toda esta riqueza, pois tudo isto me foi dado, e posso dar a quem eu quiser. (v.6). O quê? Acho que não. Jesus era e é o responsável pelo mundo (Colossenses 1:16). Pense no que Ele disse sobre Satanás e a sua mania de mentir (João 8:44)

Mesmo assim, Satanás exagerou sobre seu poder para tentar coagir Jesus a adorá-lo. O Filho de Deus resistiu dizendo: "...Adore o Senhor, seu Deus..." (Lucas 4:8). Depois de outra tentativa falha, o Diabo "...foi embora por algum tempo" (v.13).

Satanás está sempre procurando pela próxima chance de nos tentar também (1 Pedro 5:8). É por isso que precisamos nos proteger da fraqueza e do isolamento por meio da prestação de contas aos amigos cristãos. Também podemos memorizar as Escrituras que irão nos ajudar a enfrentar e a derrotar a tentação. Assim, estaremos equipados para resistir ao Diabo e fazê-lo fugir de nós (Tiago 4:7).

—*Jennifer Benson Schuldt*

LEIA › Lucas 4:1-13

¹ *Jesus, cheio do Espírito Santo, voltou do rio Jordão e foi levado pelo Espírito ao deserto.* ² *Ali ele foi tentado pelo Diabo durante quarenta dias. Nesse tempo todo ele não comeu nada e depois sentiu fome.* ³ *Então o Diabo lhe disse: — Se você é o Filho de Deus, mande que esta pedra vire pão.* ⁴ *Jesus respondeu: — As Escrituras Sagradas afirmam que o ser humano não vive só de pão.* ⁵ *Aí o Diabo levou Jesus para o alto, mostrou-lhe num instante todos os reinos do mundo* ⁶ *e disse: — Eu lhe darei todo este poder e toda esta riqueza, pois tudo isto me foi dado, e posso dar a quem eu quiser.* ⁷ *Isto tudo será seu se você se ajoelhar diante de mim e me adorar.* ⁸ *Jesus respondeu: — As Escrituras Sagradas afirmam: "Adore o Senhor, seu Deus, e sirva somente a ele."* ⁹ *Depois o Diabo o levou a Jerusalém e o colocou na parte mais alta do Templo e disse: — Se você é o Filho de Deus, jogue-se daqui,* ¹⁰ *pois as Escrituras Sagradas afirmam: "Deus mandará que os seus anjos cuidem de você.* ¹¹ *Eles vão segurá-lo com as suas mãos, para que nem mesmo os seus pés sejam feridos nas pedras."* ¹² *Então Jesus respondeu: — As Escrituras Sagradas afirmam: "Não ponha à prova o Senhor, seu Deus."* ¹³ *Quando o Diabo acabou de tentar Jesus de todas as maneiras, foi embora por algum tempo.*

EXAMINE ›

Leia o livro de Gênesis 3:7-19 para saber os resultados originais de ceder à tentação. Leia 1 Coríntios 10:12,13 e veja como Deus pode nos ajudar a resistir.

CONSIDERE ›

Por que a tentação muitas vezes é mais forte quando estamos sozinhos? Por que às vezes cedemos mesmo que tenhamos a certeza do que é certo ou errado?.

DIA 7

ACREDITA EM MILAGRES?

Para ele, os seres humanos não têm nenhum valor; ele governa todos os anjos do céu e todos os moradores da terra. Não há ninguém que possa impedi-lo de fazer o que quer; não há ninguém que possa obrigá-lo a explicar o que faz. (Daniel 4:35)

Durante as Olimpíadas de Inverno de 1980, Al Michaels cobriu as competições de hóquei para a uma importante rede de TV. Essa rede poderia ter usado outros narradores, mas ele foi o aprovado, por ser o único da equipe que tinha experiência na modalidade. Ele havia narrado um jogo 8 anos antes.

Assim, em 22 de fevereiro de 1980, ele narrou o jogo da disputa de medalha entre os Estados Unidos e a União Soviética, jogo que ficou conhecido como "Milagre sobre o gelo". Nos segundos finais da improvável vitória americana, Michaels disse com entusiasmo aquela que se tornou uma frase memorável: "Você acredita em milagres? Sim!"

Anos mais tarde, Michaels descreveu este "ponto alto" de sua carreira como "pura sorte". E acrescentou: "Se eu não tivesse narrado aquele jogo, teria terminado cobrindo o biatlo. E não houve milagres nessa modalidade naquele ano." Mesmo que a sua humildade seja admirável, há outra explicação. Quando a vida se move de forma notável, tem mais a ver com a soberania divina do que com destino.

Daniel registra os acontecimentos incríveis da vida do rei Nabucodonosor. Depois de ascender ao trono da Babilônia e tornar-se completamente cheio de si, seu reino foi despedaçado por Deus, que ainda o fez perder completamente a noção da realidade (Daniel 4:28-33). Demoraram 7 anos para que o rei humilhado reconhecesse a soberania divina, e assim, sua sanidade e o reino lhe foram restaurados (vv.34-37).

Nabucodonosor não considerou essa surpreendente mudança nos acontecimentos como aleatória. A experiência o ensinou que os resultados da vida estão nas mãos de Deus. Nada acontece fora do controle decisivo daquele que permite que "...todas as coisas trabalham juntas para o bem daqueles que amam a Deus, daqueles a quem ele chamou de acordo com o seu plano" (Romanos 8:28). —*Jeff Olson*

LEIA › Daniel 4:24-35

²⁴ E Daniel continuou: — E agora vou dar a explicação. Este sonho trata da sentença do Deus Altíssimo contra o senhor, ó rei. ²⁵ O senhor será expulso do meio dos seres humanos e ficará morando com os animais selvagens. O senhor comerá capim como os bois, dormirá ao ar livre e ficará molhado pelo sereno. Isso durará sete anos, até que o senhor reconheça que o Deus Altíssimo domina todos os reinos do mundo e coloca como rei o homem que ele quer. ²⁶ A ordem do anjo para que deixassem ficar o toco da árvore com as raízes quer dizer que o senhor será rei de novo, mas só quando confessar que Deus domina o mundo inteiro. ²⁷ Ó rei, aceite o meu conselho. Deixe de pecar e faça o que é certo; acabe com as suas maldades e ajude os pobres. Assim talvez o senhor possa continuar a viver em paz e felicidade. ²⁸ E, de fato, tudo isso aconteceu com o rei Nabucodonosor. ²⁹ Doze meses mais tarde, ele estava passeando no terraço do seu palácio na cidade de Babilônia ³⁰ e disse: — Como é grande a cidade de Babilônia! Com o meu grande poder, eu a construí para ser a capital do meu reino, a fim de mostrar a todos a minha grandeza e a minha glória. ³¹ O rei ainda estava falando quando veio uma voz do céu, que disse: — Preste atenção, rei Nabucodonosor! Este reino não é mais seu. ³² Você será expulso do meio dos seres humanos, ficará morando com os animais selvagens e comerá capim como os bois. Isso durará sete anos, até que você reconheça que o Deus Altíssimo domina todos os reinos do mundo e coloca como rei quem ele quer. ³³ Naquele mesmo instante, cumpriu-se a sentença contra Nabucodonosor. Ele foi expulso do meio dos seres humanos e começou a comer capim como os bois. Dormia ao ar livre e ficava molhado pelo sereno. O seu cabelo ficou comprido, parecido com penas de águia, e as suas unhas cresceram tanto, que pareciam garras de um gavião. ³⁴ O rei disse:
— Depois de passados os sete anos, eu olhei para o céu, e o meu juízo voltou. Aí agradeci ao Deus Altíssimo e dei louvor e glória àquele que vive para sempre. Eu disse: "O poder do Altíssimo é eterno; o seu reino não terá fim. ³⁵ Para ele, os seres humanos não têm nenhum valor; ele governa todos os anjos do céu e todos os moradores da terra. Não há ninguém que possa impedi-lo de fazer o que quer; não há ninguém que possa obrigá-lo a explicar o que faz."

EXAMINE ›

Leia o livro de Gênesis 50:20 e veja o que Deus revelou a José sobre o propósito na dor.

CONSIDERE ›

Como você pode identificar melhor a ação de Deus evidente em sua vida? O que Ele fez em sua vida na semana que passou?

DIA 8 ﹥﹥﹥﹥﹥﹥﹥﹥﹥﹥

ELE RESPONDERÁ

*Quando eles me chamarem,
eu responderei e estarei com eles
nas horas de aflição. Eu os livrarei
e farei com que sejam respeitados.*
(Salmo 91:15)

Recentemente, entrei na página do Twitter de uma atriz coreana que aprecio muito. Decidi, então, deixar um comentário para dizer-lhe o quanto sua peça recente me inspirara.

Desde então, espero em suspense para ver se ela responderá à minha mensagem. Sei que é improvável, porque uma estrela tão popular recebe centenas de mensagens todos os dias. E mais, sou só um fã. Ela não me conhece. Ainda assim, espero que me deixe um recadinho.

No livro de Salmo 91:15, lemos que Deus nos responde. Veja essas palavras: "Quando eles me chamarem, eu responderei...". Uau! Essa é uma promessa maravilhosa.

Quem é esse Deus que nos responderá? O salmista nos diz que Ele é o "Altíssimo", o "Todo-Poderoso" (v.1). Ambos os termos enfatizam Sua posição e poder sem limites. E no versículo 2, lemos que Ele é *Yahweh* (hebraico), o grande "Eu sou" que é o nosso Senhor.

O Salmo nos convida a nos escondermos no Senhor. Assegura-nos de que Deus nos protegerá do perigo (vv.1-13). Nos versículos 3 e 4, são trabalhadas as metáforas de uma ave-mãe e de uma armadura de metal para detalhar a inteireza do Seu poder e da Sua presença.

Comentando sobre estes versos, um professor escola bíblica escreveu certa vez: "a ave-mãe pode abrigar seus filhotes sob suas asas. Lá estão seguros. Há um toque muito terno aqui, enfatizando o calor do amor e cuidado divino. Não há somente a ternura no cuidado de Deus, também há firmeza, como demonstra a imagem da armadura de metal."

O próprio Deus promete manter em segurança aqueles que o amam (vv.14-16). Ele nos responde e cuida de nós! —*Poh Fang Chia*

LEIA › Salmo 91

¹ *A pessoa que procura segurança no Deus Altíssimo e se abriga na sombra protetora do Todo-Poderoso* ² *pode dizer a ele: "Ó Senhor Deus, tu és o meu defensor e o meu protetor. Tu és o meu Deus; eu confio em ti."* ³ *Deus livrará você de perigos escondidos e de doenças mortais.* ⁴ *Ele o cobrirá com as suas asas, e debaixo delas você estará seguro. A fidelidade de Deus o protegerá como um escudo.* ⁵ *Você não terá medo dos perigos da noite nem de assaltos durante o dia.* ⁶ *Não terá medo da peste que se espalha na escuridão nem dos males que matam ao meio-dia.* ⁷ *Ainda que mil pessoas sejam mortas ao seu lado, e dez mil, ao seu redor, você não sofrerá nada.* ⁸ *Você olhará e verá como os maus são castigados.* ⁹ *Você fez do Senhor Deus o seu protetor e, do Altíssimo, o seu defensor;* ¹⁰ *por isso, nenhum desastre lhe acontecerá, e a violência não chegará perto da sua casa.* ¹¹ *Deus mandará que os anjos dele cuidem de você para protegê-lo aonde quer que você for.* ¹² *Eles vão segurá-lo com as suas mãos, para que nem mesmo os seus pés sejam feridos nas pedras.* ¹³ *Com os pés você esmagará leões e cobras, leões ferozes e serpentes venenosas.* ¹⁴ *Deus diz: "Eu salvarei aqueles que me amam e protegerei os que reconhecem que eu sou Deus, o Senhor.* ¹⁵ *Quando eles me chamarem, eu responderei e estarei com eles nas horas de aflição. Eu os livrarei e farei com que sejam respeitados.* ¹⁶ *Como recompensa, eu lhes darei vida longa e mostrarei que sou o seu Salvador."*

EXAMINE ›

Deus responde as orações. Leia o livro de Lucas 11:5-12 e veja o que Jesus disse sobre essa realidade.

CONSIDERE ›

Como está o seu tempo de oração na presença de Deus? A apresentação que o Salmo 91 faz de Deus influencia a sua maneira de orar?

DIA 9

PERDIDO E ACHADO

Porque o Filho do Homem veio buscar e salvar quem está perdido. (Lucas 19:10)

A seção de "Achados e perdidos" nos shoppings nos mostra que perder coisas é uma experiência comum. Coisas são perdidas e achadas. Ficamos muito felizes e aliviados quando o que perdemos nos é devolvido!

Por que você procura com persistência por R$1.000 que estavam fora do lugar, mas não se importa com centavos perdidos? Perder coisas de valor significativo nos fará despender grandes esforços para recuperá-las. Jesus usou essa verdade para abrir o coração e os olhos dos fariseus. Sentindo-se ofendidos pelas pessoas com quem Jesus investia o Seu tempo, os fariseus e os mestres religiosos reclamaram que "Este homem se mistura com gente de má fama e toma refeições com eles" (Lucas 15:2). Embora com isso eles pretendessem atacar o caráter de Jesus, no final acabaram afirmando a obra que Ele viera fazer: salvar aqueles que sabiam que eram pecadores perdidos (Mateus 9:13; Lucas 19:10).

Em resposta às suas atitudes de autojustificação, Jesus lhes contou três parábolas diferentes — uma ovelha perdida (15:3-7), uma moeda perdida (vv.8-10) e um filho perdido (vv.11-24). Os objetos, nessa parábolas, aumentam em proporção e importância: ovelha perdida (1 em 100), moeda perdida (1 em 10), filho perdido (1 em 2).

O livro de Lucas 15 é o departamento de "Achados e perdidos" da Bíblia. Todas as três parábolas podem ser resumidas em quatro palavras: perdido, procurado, achado, alegria. Todas nos ilustram um quadro inconfundível sobre quem Deus é. Ele é o pastor que procura, a mulher que procura e o pai que espera.

E há uma razão simples para a Sua busca incansável (vv.4,8) e subsequente alegria (vv.6,9,24): Você tem grande valor para Ele! (vv.7,10,32). —*K. T. Sim*

LEIA › Lucas 15:2-9,11-14,17,20-24

[2] *Os fariseus e os mestres da Lei criticavam Jesus, dizendo: — Este homem se mistura com gente de má fama e toma refeições com eles.* [3] *Então Jesus contou esta parábola:* [4] *— Se algum de vocês tem cem ovelhas e perde uma, por acaso não vai procurá-la? Assim, deixa no campo as outras noventa e nove e vai procurar a ovelha perdida até achá-la.* [5] *Quando a encontra, fica muito contente e volta com ela nos ombros.* [6] *Chegando à sua casa, chama os amigos e vizinhos e diz: "Alegrem-se comigo porque achei a minha ovelha perdida."* [7] *— Pois eu lhes digo que assim também vai haver mais alegria no céu por um pecador que se arrepende dos seus pecados do que por noventa e nove pessoas boas que não precisam se arrepender.* [8] *Jesus continuou: — Se uma mulher que tem dez moedas de prata perder uma, vai procurá-la, não é? Ela acende uma lamparina, varre a casa e procura com muito cuidado até achá-la.* [9] *E, quando a encontra, convida as amigas e vizinhas e diz: "Alegrem-se comigo porque achei a minha moeda perdida." [...]* [11] *E Jesus disse ainda: — Um homem tinha dois filhos.* [12] *Certo dia o mais moço disse ao pai: "Pai, quero que o senhor me dê agora a minha parte da herança." — E o pai repartiu os bens entre os dois.* [13] *Poucos dias depois, o filho mais moço ajuntou tudo o que era seu e partiu para um país que ficava muito longe. Ali viveu uma vida cheia de pecado e desperdiçou tudo o que tinha.* [14] *— O rapaz já havia gastado tudo, quando houve uma grande fome naquele país, e ele começou a passar necessidade. [...]* [17] *Caindo em si, ele pensou: "Quantos trabalhadores do meu pai têm comida de sobra, e eu estou aqui morrendo de fome! [...]* [20] *Então saiu dali e voltou para a casa do pai.*
— Quando o rapaz ainda estava longe de casa, o pai o avistou. E, com muita pena do filho, correu, e o abraçou, e beijou. [21] *E o filho disse: "Pai, pequei contra Deus e contra o senhor e não mereço mais ser chamado de seu filho!"* [22] *— Mas o pai ordenou aos empregados: "Depressa! Tragam a melhor roupa e vistam nele. Ponham um anel no dedo dele e sandálias nos seus pés.* [23] *Também tragam e matem o bezerro gordo. Vamos começar a festejar* [24] *porque este meu filho estava morto e viveu de novo; estava perdido e foi achado." — E começaram a festa.*

EXAMINE ›

O que os livros de Mateus 9:9-13 e Lucas 5:27-32 dizem sobre o que Jesus veio fazer e quem Ele veio buscar?

CONSIDERE ›

Por que os publicanos e pecadores eram atraídos para Jesus? As pessoas "pecadoras" se sentiriam à vontade com você? Por quê?

DIA 10

PERSONALIDADE OU PRECEITO?

Ninguém deve se orgulhar daquilo que as pessoas podem fazer. Tudo isso pertence a vocês, [...] e vocês pertencem a Cristo, e Cristo pertence a Deus"
(1 Coríntios 3:21,23)

Twitter. Facebook. Podcasts. Em poucos segundos, podemos receber verdades bíblicas de todo o mundo. Podemos louvar com as nossas bandas preferidas. Os pregadores e escritores mais atuais podem nos oferecer discernimento para problemas mais duros. A Palavra jamais foi tão acessível. Apesar desta informação oferecer oportunidades de crescimento espiritual, nossa esperança não está na tecnologia ou nas palavras dos homens, mas na Palavra viva.

Eu entendo a aparente hipocrisia em minhas palavras. Não quero diminuir o poder do compartilhamento de nossas lutas, pensamentos ou vitórias em toda a nossa caminhada cristã. Além disso, a tecnologia pode ser uma ferramenta poderosa nesse processo. No entanto, como igreja, precisamos desafiar-nos mutuamente para nos assegurarmos de que os nossos olhos estejam na Fonte, e não nos mensageiros.

Ao exortar a igreja em Corinto, o apóstolo Paulo destacou as áreas onde devemos estar focados em aprender com aqueles que nos cercam: nossa maturidade não deve ser determinada pelas pessoas que conhecemos ou professamos seguir, mas pela evidência da Palavra se tornando ativa em nossa vida (1 Coríntios 3:2-3); Deus é o autor e consumador da nossa fé; nós somos vasos por meio dos quais Ele opera (vv.6-9). Deus, e não o homem, define o que é eterno e digno de preservação. Assim, os nossos esforços deveriam ser para a Sua glória e não para a nossa (vv.11-15).

A forma como vivemos estas verdades não é nos isolando das ideias dos outros (Provérbios 18:1-2). A Palavra de Deus nos diz para seguirmos os exemplos positivos de outros cristãos em nossa busca por Cristo (1 Coríntios 4:15-16). Mas, mais do que tudo, precisamos nos lembrar de que "...Cristo está em vocês, [...] a firme esperança de que vocês tomarão parte na glória de Deus" (Colossenses 1:27) é a luz que o mundo precisa desesperadamente. —*Regina Franklin*

LEIA › 1 Coríntios 3:2-9,11-16,19-23

[2] *Tive de alimentá-los com leite e não com comida forte, pois vocês não estavam prontos para isso. E ainda não estão prontos,* [3] *porque vivem como se fossem pessoas deste mundo. Quando existem ciumeiras e brigas entre vocês, será que isso não prova que vocês são pessoas deste mundo e fazem o que todos fazem?* [4] *Quando alguém diz: "Eu sou de Paulo", e outro: "Eu sou de Apolo", será que assim não estão agindo como pessoas deste mundo?* [5] *Afinal de contas, quem é Apolo? E quem é Paulo? Somos somente servidores de Deus, e foi por meio de nós que vocês creram no Senhor. Cada um de nós faz o trabalho que o Senhor lhe deu para fazer:* [6] *Eu plantei, e Apolo regou a planta, mas foi Deus quem a fez crescer.* [7] *De modo que não importa nem o que planta nem o que rega, mas sim Deus, que dá o crescimento.* [8] *Pois não existe diferença entre a pessoa que planta e a pessoa que rega. Deus dará a recompensa de acordo com o trabalho que cada um tiver feito.* [9] *Porque nós somos companheiros de trabalho no serviço de Deus, e vocês são o terreno no qual Deus faz o seu trabalho. Vocês são também o edifício de Deus.* [...] [11] *Porque Deus já pôs Jesus Cristo como o único alicerce, e nenhum outro alicerce pode ser colocado.* [12] *Alguns usam ouro ou prata ou pedras preciosas para construírem em cima do alicerce. E ainda outros usam madeira ou capim ou palha.* [13] *O Dia de Cristo vai mostrar claramente a qualidade do trabalho de cada um. Pois o fogo daquele dia mostrará o trabalho de cada pessoa: o fogo vai mostrar e provar a verdadeira qualidade do trabalho.* [14] *Se aquilo que alguém construir em cima do alicerce resistir ao fogo, então o construtor receberá a recompensa.* [15] *Mas, se o trabalho de alguém for destruído pelo fogo, então esse construtor perderá a recompensa. Porém ele mesmo será salvo, como se tivesse passado pelo fogo para se salvar.* [16] *Certamente vocês sabem que são o templo de Deus e que o Espírito de Deus vive em vocês.* [...] [19] *Pois aquilo que este mundo acha que é sabedoria Deus acha que é loucura. Como dizem as Escrituras Sagradas: "Deus pega os sábios nas suas espertezas."* [20] *E também: "O Senhor sabe que os pensamentos dos sábios não valem nada."* [21] *Ninguém deve se orgulhar daquilo que as pessoas podem fazer. Pois tudo é de vocês,* [22] *isto é, Paulo, Apolo, Pedro, este mundo, a vida e a morte, o presente e o futuro. Tudo isso pertence a vocês,* [23] *e vocês pertencem a Cristo, e Cristo pertence a Deus.*

EXAMINE ›

Leia o livro de Atos 17:10-12 para ver em o que há em comum entre os ensinamentos dos outros e o nosso próprio estudo.

CONSIDERE ›

Você passa mais tempo lendo outros livros do que a Bíblia? Como equilibrar a percepção que ganhamos de outras leituras com o nosso próprio estudo da Palavra?

DIA 11 >>>>>>>>>>>

BOM JUÍZO

Para ter sabedoria, é preciso primeiro pagar o seu preço. Use tudo o que você tem para conseguir a compreensão.
(Provérbios 4:7)

"Não me julgue!" A maioria de nós já usou essas palavras para se defender quando alguém o questionou injustamente sobre algo que ele fez. Então, é errado julgar as pessoas? Afinal, o próprio Jesus disse: "Não julguem..." (Mateus 7:1). A resposta é sim e não.

É importante entender que a palavra julgar é neutra. Pode ter um sentido positivo ou negativo, dependendo como está sendo usada. Por exemplo, há uma grande diferença entre alguém que tem um "bom juízo" e alguém que está sendo "crítico". O primeiro se refere a uma pessoa que tem um discernimento sábio. O segundo é usado para descrever uma pessoa que condena erroneamente os outros.

Jesus usou a palavra *julgar* de diversas formas também. Em certa ocasião Ele disse: "Parem de julgar pelas aparências e julguem com justiça" (João 7:24). Jesus estava claramente nos ensinando sobre a forma correta e sábia de julgar as pessoas e as situações. Mas Ele usou a palavra de forma diferente ao dizer: "Não julguem..." (Mateus 7:1). Aqui o Senhor está falando de uma forma inadequada de julgamento, do tipo hipócrita, que avalia a todos menos a si mesmo. Continuou ainda enfatizando que primeiramente devemos tratar dos problemas em nossa própria vida antes de podermos tratar corretamente um problema que tenhamos com outra pessoa (Mateus 7:3-5).

No livro de Mateus 7:1, Jesus não estava dizendo que todo julgamento é ruim. Se tivesse dito isso, então seria culpado por violar Seu próprio ensinamento. Estava realçando a hipocrisia dos religiosos de Seus dias. Ao fazê-lo, no entanto, Ele demonstrava que não seríamos bons juízes, a menos que primeiramente nos dispuséssemos a nos avaliarmos com o mesmo nível de análise.

A maneira de desenvolvermos o bom juízo é julgando-nos a nós mesmos em primeiro lugar. —*Jeff Olson*

LEIA › Mateus 7:1-5

¹ — Não julguem os outros para vocês não serem julgados por Deus. ² Porque Deus julgará vocês do mesmo modo que vocês julgarem os outros e usará com vocês a mesma medida que vocês usarem para medir os outros. ³ Por que é que você vê o cisco que está no olho do seu irmão e não repara na trave de madeira que está no seu próprio olho? ⁴ Como é que você pode dizer ao seu irmão: "Me deixe tirar esse cisco do seu olho", quando você está com uma trave no seu próprio olho? ⁵ Hipócrita! Tire primeiro a trave que está no seu olho e então poderá ver bem para tirar o cisco que está no olho do seu irmão.

EXAMINE ›

Leia no livro de Provérbios 4:1-9 e observe como a sabedoria e o entendimento funcionam bem juntos.

CONSIDERE ›

Que tipo de juiz você é? Em que área de sua vida você deve recuar e se autoavaliar antes de julgar os outros? Por que, às vezes, é bom julgar os outros?

DIA 12

SE EU FOSSE O DIABO

Esdras havia dedicado a sua vida a estudar, e a praticar a Lei do Senhor, e a ensinar todos os seus mandamentos ao povo de Israel. (Esdras 7:10)

No prefácio do livro *O conhecimento das Escrituras* (Ed. Cultura Cristã, 2003), de R. C. Sproul, J. I. Packer escreve: "Se eu fosse o diabo [...] um dos meus primeiros objetivos seria impedir as pessoas de se aprofundarem na Bíblia [...] Como? Bem, eu distrairia todos os clérigos para não pregarem sobre ela nem a ensinarem, e espalharia o sentimento de que estudar este livro antigo é um fardo extra que os cristãos modernos poderiam abdicar sem que houvesse perdas... Eu iria querer, a todo custo, impedi-los de usarem suas mentes de forma disciplinada para entender o conteúdo de suas mensagens."

Dito isso, você tem que crer que Satanás uma vez ficou irritado com o profeta Esdras. Pois ele "...havia dedicado a sua vida a estudar, e a praticar a Lei do Senhor, e a ensinar todos os seus mandamentos ao povo de Israel" (7:10). O profeta ficou conhecido como um "mestre da Lei", ele "conhecia muito bem a Lei de Moisés" (v.6), e como aquele que era "...o mestre da Lei, que conhecia bem todas as leis e mandamentos que o Senhor tinha dado a Israel" (v.11).

Imagino Esdras sentado à sua mesa, copiando cuidadosamente a santa Palavra de Deus. De tempos em tempos ele pausa para, nas palavras do poeta alemão Rainer Maria: "...se reclinar e fechar seus olhos sobre uma linha que lia novamente, e deixar seu significado se espalhar pelo seu sangue".

Nosso motivo para estudar a Bíblia é simples, temos um relacionamento de aliança com Deus. Enquanto estudamos Sua Palavra, nos tornamos mais capazes de compreender os Seus mandamentos.

Precisamos separar uma hora, aquietar o nosso coração e examinar cuidadosamente as Escrituras. Porém, precisamos entender e aplicá-la. Esta combinação nos permitirá revelar a sua sabedoria transformadora aos outros.

Deixe o diabo furioso esta semana ao mergulhar na Palavra de Deus e aplicar as verdades bíblicas em sua vida. —*Poh Fang Chia*

LEIA › Esdras 7:1,6,10,12-14,21-26

¹ *Alguns anos depois, quando Artaxerxes era rei da Pérsia, um homem chamado Esdras foi da Babilônia para Jerusalém. Ele era descendente de Arão, o Grande Sacerdote. Esdras era filho de Seraías, neto de Azarias, e bisneto de Hilquias; [...]* ⁶ *Esdras era mestre da Lei e conhecia muito bem a Lei de Moisés, dada pelo SENHOR, o Deus de Israel. Ele foi falar com o rei Artaxerxes, e este lhe deu tudo o que pediu porque o SENHOR abençoava Esdras. Assim Esdras foi da Babilônia para Jerusalém [...]* ¹⁰ *Esdras havia dedicado a sua vida a estudar, e a praticar a Lei do SENHOR, e a ensinar todos os seus mandamentos ao povo de Israel. [...]* ¹² *"Esta carta de Artaxerxes, o rei dos reis, é para o sacerdote Esdras, o mestre da Lei do Deus do céu: Saudações.* ¹³ *Ordeno que, de todo o meu reino, podem ir com você para Jerusalém todos os israelitas que quiserem, isto é, gente do povo, sacerdotes e levitas.* ¹⁴ *Eu, o rei, junto com os meus sete conselheiros, mando que você vá a Jerusalém e a Judá para ver se a Lei do seu Deus, que lhe foi entregue, está sendo bem-obedecida. [...]* ²¹ *"Eu, o rei Artaxerxes, ordeno a todos os tesoureiros da província do Eufrates-Oeste que entreguem imediatamente ao sacerdote Esdras, o mestre da Lei do Deus do céu, tudo o que ele pedir,* ²² *até no máximo três mil e quatrocentos quilos de prata, doze mil e quinhentos quilos de trigo, dois mil litros de vinho, dois mil litros de azeite e sal à vontade.* ²³ *Deverão ser cumpridas com todo o cuidado as ordens que o Deus do céu der a respeito do seu Templo, para que assim eu tenha a certeza de que ele nunca ficará irado comigo nem com os meus descendentes que forem reis depois de mim.* ²⁴ *Vocês estão proibidos de cobrar qualquer imposto dos sacerdotes, dos levitas, dos músicos, dos guardas e servidores do Templo ou de qualquer outra pessoa ligada a esse Templo.* ²⁵ *"E você, Esdras, usando a sabedoria que o seu Deus lhe deu, nomeie administradores e juízes para governarem todo o povo da província do Eufrates-Oeste, isto é, todos os que conhecem as leis do seu Deus; e ensine essas leis aos que não as conhecem.* ²⁶ *Quem desobedecer às leis do seu Deus ou às leis do reino será castigado imediatamente: será morto, ou expulso do país, ou preso, ou as suas propriedades serão tomadas."*

EXAMINE ›

Leia o Salmo 19:7-11 para ver a importância de estudar, obedecer e ensinar a Palavra de Deus.

CONSIDERE ›

O que você fará para começar a estudar de verdade a Palavra de Deus? Aplicá-la em nossa vida nos transforma? E aos outros?

DIA 13

A PALAVRA DE DEUS

*No começo aquele que é
a Palavra já existia. Ele estava
com Deus e era Deus.*
(João 1:1)

As palavras de uma pessoa são inseparáveis de quem as diz. Pense em suas próprias palavras. Elas vêm unicamente de você. São só suas e comunicam o que está em seu coração. Vem do seu eu interior, sua alma, e expressam suas ideias, pensamentos, sentimentos e caráter. *Suas* palavras são ditas com sua voz e soam com seu próprio sotaque, timbre de voz e inflexão. São formadas pelo seu fôlego, seus pulmões, do profundo do seu ser.

E, até certo ponto, as suas palavras têm poder criativo. Elas podem entrar em minha mente e coração e me fazer rir, chorar, questionar uma crença antiga ou crer em algo novo.

Não posso falar suas palavras assim como não posso conhecer seus pensamentos mais profundos. Não posso inspirar o ar que você inspira e falar exatamente com sua voz e sotaque. Não estou dentro de você. Não sou você. Suas palavras são só *suas*.

Agora pense na descrição que o apóstolo João fez de Jesus como a "Palavra" de Deus: *A revelação de Deus*: "O Filho único [...] foi quem nos mostrou quem é Deus", diz João (João 1:18). "...Quem me vê, vê também o Pai...", disse Jesus sobre si mesmo (14:9).

A voz e o "fôlego" divino: "...O que eu digo a vocês não digo em meu próprio nome; o Pai, que está em mim, e quem faz o seu trabalho" (v.10).

"*Por meio da Palavra, Deus fez todas as coisas, e nada do que existe foi feito sem ela*" (1:3). Não é de admirar que João nos tenha dito que esse Verbo não estava somente "com" Deus no princípio, mas "era" Deus (v.1). O Verbo divino é inseparável de Deus. Sua Palavra é unicamente dele. Jesus é de fato o coração, alma, voz, fôlego e o poder criativo de Deus. —*Sheridan Voysey*

LEIA › João 1:1-18

¹ *No começo aquele que é a Palavra já existia. Ele estava com Deus e era Deus.* ² *Desde o princípio, a Palavra estava com Deus.* ³ *Por meio da Palavra, Deus fez todas as coisas, e nada do que existe foi feito sem ela.* ⁴ *A Palavra era a fonte da vida, e essa vida trouxe a luz para todas as pessoas.* ⁵ *A luz brilha na escuridão, e a escuridão não conseguiu apagá-la.* ⁶ *Houve um homem chamado João, que foi enviado por Deus* ⁷ *para falar a respeito da luz. Ele veio para que por meio dele todos pudessem ouvir a mensagem e crer nela.* ⁸ *João não era a luz, mas veio para falar a respeito da luz,* ⁹ *a luz verdadeira que veio ao mundo e ilumina todas as pessoas.* ¹⁰ *A Palavra estava no mundo, e por meio dela Deus fez o mundo, mas o mundo não a conheceu.* ¹¹ *Aquele que é a Palavra veio para o seu próprio país, mas o seu povo não o recebeu.* ¹² *Porém alguns creram nele e o receberam, e a estes ele deu o direito de se tornarem filhos de Deus.* ¹³ *Eles não se tornaram filhos de Deus pelos meios naturais, isto é, não nasceram como nascem os filhos de um pai humano; o próprio Deus é quem foi o Pai deles.* ¹⁴ *A Palavra se tornou um ser humano e morou entre nós, cheia de amor e de verdade. E nós vimos a revelação da sua natureza divina, natureza que ele recebeu como Filho único do Pai.* ¹⁵ *João disse o seguinte a respeito de Jesus: — Este é aquele de quem eu disse: "Ele vem depois de mim, mas é mais importante do que eu, pois antes de eu nascer ele já existia."* ¹⁶ *Porque todos nós temos sido abençoados com as riquezas do seu amor, com bênçãos e mais bênçãos.* ¹⁷ *A lei foi dada por meio de Moisés, mas o amor e a verdade vieram por meio de Jesus Cristo.* ¹⁸ *Ninguém nunca viu Deus. Somente o Filho único, que é Deus e está ao lado do Pai, foi quem nos mostrou quem é Deus.*

EXAMINE ›

Reflita nas palavras a seguir: "...As palavras que eu lhes disse são espírito e vida" (João 6:63).

CONSIDERE ›

É difícil para você crer na divindade de Jesus?

O que significa o fato dele ser o "Verbo" de Deus na maneira que você vive e se expressa verbalmente?

DIA 14 〉〉〉〉〉〉〉〉〉〉

UMA OVELHA PERDIDA

Eu, o Senhor Deus, digo que eu mesmo procurarei e buscarei as minhas ovelhas. (Ezequiel 34:11)

A Bíblia usa metáforas para descrever os que não creem em Jesus: grandes colheitas (Mateus 9:37-38), peixes na rede (13:47), convidados a um banquete (22:10) e ovelhas, com frequência perdidas e sem pastor (Salmo 119:176; Isaías 53:6; Mateus 18:12; Lucas 9:36; 1 Pedro 2:25).

Phillip Keller, um pastor de ovelhas, e autor de *A Shepherd Looks at Psalm 23* (O olhar de um pastor sobre o Salmo 23); escreveu que a ovelha precisa ter um pastor. Elas necessitam de mais atenção e cuidado meticuloso do que qualquer outro tipo de animal criado em fazendas. Desprovidas de defesa natural ou capacidade de ataque, são impotentes e vulneráveis aos predadores. São lentas, o que as torna presas fáceis. São animais ingênuos, míopes (incapazes de perceber as ameaças que as rodeiam). Precisam que se lhes diga o que fazer e aonde ir ou se desviarão em direção aos perigos. Não possuem senso de direção. Um cão ou um pássaro podem encontrar seu caminho de volta para casa, mas uma ovelha que se perde está perdida de fato. Então, a imagem de uma ovelha desgarrada é preocupante e perigosa. Enfim, uma ovelha perdida é um símbolo de morte iminente e certa.

Qual é a grande questão sobre uma ovelha perdida? Digamos que uma entre 100 se desgarre. Uma fazenda de ovinos moderna simplesmente daria baixa como uma despesa. Mas para os pastores do Oriente Médio, cada uma era preciosa, valiosa o suficiente para que ele deixasse no deserto as 99 e fosse buscar a que se perdeu, até encontrá-la (Lucas 15:4). A próxima imagem é ainda mais bonita: "Quando a encontra, fica muito contente e volta com ela nos ombros" (v.5).

Você já se desgarrou de Deus? Está perdido? O Seu pastor saiu com a missão de buscar e resgatar você. Quando Ele o trouxer de volta para casa, o Senhor se alegrará, porque o encontrou (v.6). —*K. T. Sim*

LEIA › Lucas 15:3-7

³ Então Jesus contou esta parábola: ⁴ — Se algum de vocês tem cem ovelhas e perde uma, por acaso não vai procurá-la? Assim, deixa no campo as outras noventa e nove e vai procurar a ovelha perdida até achá-la. ⁵ Quando a encontra, fica muito contente e volta com ela nos ombros. ⁶ Chegando à sua casa, chama os amigos e vizinhos e diz: "Alegrem-se comigo porque achei a minha ovelha perdida." ⁷ — Pois eu lhes digo que assim também vai haver mais alegria no céu por um pecador que se arrepende dos seus pecados do que por noventa e nove pessoas boas que não precisam se arrepender.

EXAMINE ›

Por que Jesus é o nosso Bom Pastor? (Ezequiel 34:16; Joao 10:1-16).

CONSIDERE ›

A Bíblia diz que todos nós somos como ovelhas (Isaias 53:6). De que forma somos como ovelhas perdidas? Em que sentido somos diferentes das ovelhas?

DIA 15 >>>>>>>>>>>

PERGUNTA ANTIGA

Porém aquele que não cuida dos seus parentes, especialmente dos da sua própria família, negou a fé e é pior do que os que não creem. (1 Timóteo 5:8)

Dois irmãos gêmeos de 48 anos decidiram não ajudar sua mãe após ela ter caído e se machucado. Os dois simplesmente deixaram a mulher ferida na entrada da casa que dividiam com ela. A polícia foi contatada depois que a mãe não tinha sido vista pelos amigos por várias semanas. Acharam seu corpo no mesmo lugar em que caíra três meses após a sua morte. A pessoa que defendeu os filhos, acusados de assassinato, afirmou que os homens tinham problemas mentais que os impediram de ajudar a mãe. Que história triste e terrível!

O apóstolo Paulo, em sua carta a Timoteo (um jovem pastor a quem mentoreava), nos ensina a forma correta de responder a antiga questão sobre como cuidar de nossos pais e outros idosos amados:

Respeito: O respeito afetuoso deveria ser demonstrado aqueles que se aproximam do fim da jornada da vida (1 Timoteo 5:1-2). A dignidade concedida a um pai que esteja lutando com os efeitos da idade e o amor bondoso demonstrado a mãe que não consegue corresponder revela que este coração está refletindo o próprio coração de Deus.

Cuidado: Ajudar a atender as necessidades espirituais, físicas, emocionais e sociais de um idoso amado e parte de "...recompensar a seus progenitores..." (1 Timoteo 3:5-7; 5:4). Isso é algo que Deus, que nos ama e cuida tão bem de nós, espera de Seus filhos.

Os desafios e fardos da vida podem muitas vezes nos fazer ignorar as necessidades de nossos parentes idosos, quer nossos pais ou outros familiares. Paulo afirma, no entanto, que o excesso de ocupação não é desculpa para não nos envolvermos em demonstrar-lhes respeito e carinho. Quando as nossas reservas são pequenas, podemos buscar ajuda de outros e melhor ainda: orar a Deus por força e sabedoria para sermos realmente cuidadores compassivos. —*Tom Felten*

LEIA› 1 Timóteo 5:1-8

¹ *Não repreenda um homem mais velho, mas o aconselhe como se ele fosse o seu pai. Trate os homens mais jovens como irmãos,* ² *as mulheres idosas, como mães e as mulheres jovens, como irmãs, com toda a pureza.* ³ *Cuide das viúvas que não tenham ninguém para ajudá-las.* ⁴ *Mas, se alguma viúva tem filhos ou netos, são eles que devem primeiro aprender a cumprir os seus deveres religiosos, cuidando da sua própria família. Assim eles pagarão o que receberam dos seus pais e avós, pois Deus gosta disso.* ⁵ *A verdadeira viúva, aquela que não tem ninguém para cuidar dela, põe a sua esperança em Deus e ora, de dia e de noite, pedindo a ajuda dele.* ⁶ *Porém a viúva que se entrega ao prazer está morta em vida.* ⁷ *Timóteo, mande que as viúvas façam o que eu aconselho para que ninguém possa culpá-las de nada.* ⁸ *Porém aquele que não cuida dos seus parentes, especialmente dos da sua própria família, negou a fé e é pior do que os que não creem.*

EXAMINE›

No livro de Levítico 19:32, Deus ordena que o temamos. O que mais Ele nos manda fazer neste versículo?

CONSIDERE›

Como você pode demonstrar mais respeito e cuidado com os mais idosos em sua família? Por que Deus espera que você os apoie quando necessário?

DIA 16 〉〉〉〉〉〉〉〉〉〉

GUARDA-CHUVA

*O Senhor e a minha rocha,
a minha fortaleza e o meu libertador.
O meu Deus é uma rocha em que
me escondo...* (2 Samuel 22:2-3)

A canção *Umbrella* (Guarda-chuva), da cantora pop Rihanna falou sobre o poder da amizade para nos impulsionar nos dias nublados. "Agora que chove mais do que nunca, saiba que ainda temos um ao outro; você pode ficar sob o meu guarda-chuva." É uma metáfora memorável para a nossa necessidade de ajudarmos uns aos outros, mas também indica que pouco podemos fazer por nossos amigos.

O guarda-chuva é frágil — ótimo para a garoa, mas inútil sob chuvas torrenciais de verão ou ventos fortes. Com prazer, segurarei o guarda-chuva para os que amo, mas haverá dias em que precisarão de muito mais do que isso. Ao nos abalarmos diante das ondas esmagadoras da traição, câncer e limitações, não precisamos somente de um guarda-chuva, mas de uma rocha.

Davi escreveu uma canção quando foi resgatado da estrondosa perseguição de Saul. Embora suas palavras não fossem embaladas pelo ritmo caribenho fácil de lembrar como o da Rihanna, o conteúdo era ainda mais inspirador. Ele disse que se afundava no mar do desespero: "Eu clamo ao Senhor pedindo ajuda, e ele me salva dos meus inimigos. Louvem o Senhor! Estive cercado de perigos de morte, e ondas da destruição rolaram sobre mim" (2 Samuel 22:4-5).

A música da Rihanna apresenta uma excelente ideia, mas também ilustra a pobreza daqueles que não conhecem Jesus. Ela diz: "Estarei aqui para sempre. Disse que sempre seria sua amiga... então siga em frente, deixe chover, serei tudo o que você precisa e mais". Com certeza, a cantora tem boa intenção, mas está prometendo mais do que pode cumprir. Ela não estará aqui para sempre, e não pode ser "tudo o que você precisa". Ninguém pode.

Agradeça a Deus pelos que o protegem. Considere-os como sinais de Deus para o que você realmente precisa — uma rocha, uma fortaleza e um Salvador.

—*Mike Wittmer*

LEIA › 2 Samuel 22:1-20

¹ Este é o hino que Davi cantou a Deus, o Senhor, quando ele o salvou de Saul e de todos os seus inimigos: ² O Senhor é a minha rocha, a minha fortaleza e o meu libertador. ³ O meu Deus é uma rocha em que me escondo. Ele me protege como um escudo; ele é o meu abrigo, e com ele estou seguro. Deus é o meu Salvador; ele me protege e me livra da violência. ⁴ Eu clamo ao Senhor pedindo ajuda, e ele me salva dos meus inimigos. Louvem o Senhor! ⁵ Estive cercado de perigos de morte, e ondas da destruição rolaram sobre mim. ⁶ A morte me amarrou com as suas cordas, e a sepultura armou a sua armadilha para me pegar. ⁷ No meu desespero eu clamei ao Senhor; eu pedi que ele me ajudasse. No seu templo ele ouviu a minha voz, ele escutou o meu grito de socorro. ⁸ Então a terra tremeu e se abalou, e as bases dos montes balançaram e tremeram porque Deus estava irado. ⁹ Do seu nariz saiu fumaça, e da sua boca saíram brasas e fogo devorador. ¹⁰ Ele abriu o céu e desce com uma nuvem escura debaixo dos pés. ¹¹ Voou nas costas de um querubim e viajou rápido nas asas do vento. ¹² Ele se cobriu de escuridão; nuvens grossas, cheias de água, estavam ao seu redor; ¹³ com o relâmpago, brasas se acenderam diante dele. ¹⁴ Então o Senhor trovejou do céu, e o Altíssimo fez ouvir a sua voz. ¹⁵ Ele atirou as suas flechas e espalhou os seus inimigos; e com o clarão dos seus relâmpagos ele os fez fugir. ¹⁶ Quando o Senhor repreendeu os seus inimigos e, furioso, trovejou contra eles, o fundo do mar apareceu, e os alicerces da terra ficaram descobertos. ¹⁷ Lá do alto o Senhor me estendeu a mão e me segurou; ele me tirou do mar profundo. ¹⁸ O Senhor me livrou dos meus poderosos inimigos, daqueles que me odiavam. E todos eles eram fortes demais para mim. ¹⁹ Quando eu estava em dificuldade, eles me atacaram; porém o Senhor Deus me protegeu, ²⁰ me livrou do perigo e me salvou porque me ama.

EXAMINE ›

Aprecie as promessas do Salmo 46. Como este Salmo pode ajudá-lo a sobreviver — e prosperar em meio as crises?

CONSIDERE ›

Quem precisa da sua proteção? Pense também em como poderá levá-lo à Rocha.

DIA 17 〉〉〉〉〉〉〉〉〉〉

AMOR DE DEUS

O Senhor diz ao seu povo: — Eu sempre amei vocês. Mas eles perguntam: — Como podemos saber que tu nos amas?
(Malaquias 1:2)

Cristiano, um jovem de 17 anos, senta-se no sofá parecendo chateado. Seu pai tenta argumentar com ele e lhe diz, em lágrimas, que está entristecido com ele. O pai sente-se ferido pela ingratidão que recebeu, mesmo depois de ter cuidado do filho com amor. Como resposta o rapaz o desafia, bufando: "Sério? Prove!".

Parece absurdo? Bem, dê uma olhada no livro de Malaquias 1. Esse livro foi escrito por volta do ano 450 a.C. Os israelitas haviam retornado do exilio 80 ou 90 anos antes. Eles tinham reconstruído o templo, mas certamente não se comparava ao templo original feito por Salomão. E eles não tinham um rei, só um governador indicado pelo governo Persa. Na mente de muitos, Deus os havia desapontado.

Nesse cenário, Deus argumentou pacientemente com Seu povo. Ele afirmou: "Eu sempre amei vocês". A evidência? Ele os escolheu e cuidou deles (vv.2-4).

O autor Ray Stedman parafraseia as palavras de Deus assim: "Se vocês querem entender o Meu amor, olhem para alguém que não tenha desfrutado dele. Olhem para Esaú e vejam o quanto a história dele difere das suas, mesmo Jacó e Esaú sendo irmãos gêmeos."

Algumas vezes, as circunstâncias em que nos vemos são tão complicadas que nos perguntamos se Deus realmente nos ama. O diabo está sempre pronto para sussurrar em nossos ouvidos que Ele não nos ama. E ainda por cima, as nossas circunstâncias parecem provar isso! Nesses casos, lembremo-nos de que Deus nos escolheu para sermos Seus (Efésios 1:4-6) antes de o mundo existir. A cruz e a evidência de Seu amor. Nela "Deus nos mostrou o quanto nos ama: Cristo morreu por nós quando ainda vivíamos no pecado" (Romanos 5:8). Ouça Suas palavras novamente e encoraje-se: O Senhor afirmou: "Eu sempre amei vocês" —*Poh Fang Chia*

LEIA› Malaquias 1:1-5

¹*Esta é a mensagem que o S*ENHOR *Deus mandou Malaquias entregar ao povo de Israel.* ² *O S*ENHOR *diz ao seu povo: — Eu sempre amei vocês. Mas eles perguntam: — Como podemos saber que tu nos amas? Deus responde: — Esaú e Jacó eram irmãos, no entanto, eu tenho amado Jacó e os seus descendentes,* ³ *mas tenho odiado Esaú e os seus descendentes. Eu fiz com que a região montanhosa de Esaú virasse um deserto, e agora as suas terras só prestam para animais selvagens morarem nelas.* ⁴ *Se os descendentes de Esaú, isto é, os edomitas, disserem: "As nossas cidades estão em ruínas, mas nós vamos construí-las de novo", o S*ENHOR *Todo-Poderoso responderá: "Se eles construírem, eu destruirei. A terra deles será chamada de 'terra da maldade' e de 'nação com quem o S*ENHOR *está irado para sempre'."* ⁵ *O povo de Israel vai ver isso acontecer, e todos dirão: — O S*ENHOR *é grande, e o seu poder vai além das fronteiras de Israel!*

EXAMINE›

Leia o livro de Romanos 9:11-16 para ver a natureza soberana do amor de Deus.

CONSIDERE›

Qual a sua resposta as evidências do amor de Deus em sua vida? Como isso o influenciou a reconhecer que Ele realmente o ama?

DIA 18

O EVANGELHO E A JUSTIÇA SOCIAL

Será que toda essa gente má não entende nada? Eles vivem explorando o meu povo e não oram a mim. (Salmo 14:4)

Muitos pensam não haver ligação entre o evangelho e a luta contra males sociais como a pobreza, o racismo e o tráfico sexual. Eles supõem que o evangelho se preocupa somente com a ida para o céu quando morrermos, e partem do princípio de que não há nada a dizer sobre as doenças sociais desta vida. Pior ainda, como o evangelho separa os cristãos das pessoas de outras religiões, alguns julgam melhor deixá-lo de lado. Se não o mencionarem, creem que conseguirão se unir com grupos diversos e juntamente combater os males sociais em suas comunidades.

O problema com essa linha de pensamento e o fato de muitas passagens do Antigo Testamento, como o Salmo 14:4, fazerem uma conexão clara entre injustiça e idolatria. Davi declara que aqueles que "vivem explorando o meu povo" também não invocam o Senhor. Isso faz sentido se refletirmos sobre o assunto. Os idólatras não adoram realmente seus ídolos, eles se adoram. Não procuram dinheiro, sexo ou poder para si próprios, mas pelos benefícios que possam receber deles. Trocam o verdadeiro Deus por si mesmos, e porque vivem de forma egoísta, para seu próprio prazer, inevitavelmente ferem e abusam de outros.

Se a idolatria gera a injustiça, então jamais conseguiremos a justiça social até que Deus limpe nosso coração da idolatria. E para isso, o evangelho é necessário. E ele que nos reconcilia com Deus e reordena nosso amor. Capacita-nos a amar a Deus e aos outros mais do que a nós mesmos, o que nos desperta a buscar justiça social para os pobres e oprimidos. E à medida que compartilharmos sobre Ele com os outros, Seu poder divino varre os ídolos do coração também, dando-lhes poder para amar ao próximo.

Se queremos ver melhorias duradouras em nossa sociedade, devemos falar às pessoas sobre Jesus. —*Mike Wittmer*

LEIA› Salmo 14:1-7

¹ *Os tolos pensam assim: "Para mim, Deus não tem importância." Todos são corruptos e as coisas que eles fazem são nojentas; não há uma só pessoa que faça o bem.* ² *Lá do céu o Senhor Deus olha para a humanidade a fim de ver se existe alguém que tenha juízo, se existe uma só pessoa que o adore.* ³ *Mas todos se desviaram do caminho certo e são igualmente corruptos. Não há mais ninguém que faça o bem, não há nem mesmo uma só pessoa.* ⁴ *O Senhor pergunta: "Será que toda essa gente má não entende nada? Eles vivem explorando o meu povo e não oram a mim."*
⁵ *Mas eles vão tremer de medo porque Deus está do lado daqueles que lhe obedecem.* ⁶ *Os maus fazem com que fracassem as esperanças dos necessitados, mas estes são protegidos pelo Senhor.* ⁷ *Queira Deus que de Jerusalém venha a vitória para Israel! Como ficarão felizes e alegres os descendentes de Jacó quando o Senhor fizer com que eles prosperem de novo!*

EXAMINE›

Leia o livro de Oseias 4:1-3 para descobrir como a idolatria afeta os outros e toda a criação.

CONSIDERE›

E legitimo aos cristãos unirem aos não cristãos para combater a injustiça social? Quais as vantagens e limitações dessa atitude?

DIA 19

ESMAGANDO A SERPENTE

Então Moisés fez uma cobra de bronze e pregou num poste. Quando alguém era mordido por uma cobra, olhava para a cobra de bronze e ficava curado.
(Números 21:9)

Martin Luther King Jr. declarou que: "11 horas do domingo pela manhã" era a hora mais segregante em seu país. Os cristãos brancos e negros geralmente adoravam em igrejas separadas. Hoje, há um novo tipo de segregação. É cada vez mais comum as igrejas se dividirem conforme o estilo de adoração, oferecendo cultos tradicionais para os mais idosos que gostam de cantar hinos e cultos contemporâneos para os que apreciam corais liderados por bandas.

Muitas igrejas crescem exponencialmente ao atender as necessidades de seus adoradores. Mas algo parece não estar certo. Os cristãos cheios do Espírito não deveriam adorar juntos? O seu estilo pode não ser a minha preferência, mas por que não somos sensíveis as nossas diferenças e cantamos canções que agradem uns aos outros?

Temo que o nosso problema seja mais do que egoísmo à moda antiga. Será que a nossa adoração se tornou nosso *ídolo*? Estamos dispostos a permitir que Jesus se revele a nós de maneiras diferentes?

Podemos ser como os israelitas que ficaram tão impressionados com a cobra de bronze que havia curado suas mordidas venenosas que começaram a oferecer sacrifícios a ela (2 Reis 18:4). Não havia nada de errado com a serpente de bronze e séculos mais tarde Jesus a usou para fazer referência a si mesmo (João 3:14), mas era apenas uma ferramenta.

Talvez você tenha ouvido a voz de Deus ao cantar *A graça eterna de Jesus*, ou sentido Sua presença enquanto cantava *Benditos laços*. Agradeça a Deus por isso, mas lembre-se de que as serpentes de bronze em sua vida nunca devem ser o fim em si mesmas, mas sim levá-lo a Jesus. Pois quando Ele for "levantado da terra" atrairá todos a si mesmo (João 12:32). A verdadeira adoração centra-se em Jesus, não em tradição ou preferência. —*Mike Wittmer*

LEIA › Números 21:4-9

⁴ *Então os israelitas saíram do monte Hor pelo caminho que vai até o golfo de Ácaba, para dar a volta em redor da região de Edom. Mas no caminho o povo perdeu a paciência* ⁵ *e começou a falar contra Deus e contra Moisés. Eles diziam: — Por que Deus e Moisés nos tiraram do Egito? Será que foi para morrermos no deserto, onde não há pão nem água? Já estamos cansados desta comida horrível!* ⁶ *Aí o Senhor Deus mandou cobras venenosas que se espalharam no meio do povo; e elas morderam e mataram muitos israelitas.* ⁷ *Então o povo foi falar com Moisés e disse: — Nós pecamos, pois falamos contra Deus, o Senhor, e contra você. Peça a Deus que tire essas cobras que estão no meio da gente. Moisés orou ao Senhor em favor do povo,* ⁸ *e ele disse: — Faça uma cobra de metal e pregue num poste. Quem for mordido deverá olhar para ela e assim ficará curado.* ⁹ *Então Moisés fez uma cobra de bronze e pregou num poste. Quando alguém era mordido por uma cobra, olhava para a cobra de bronze e ficava curado.*

EXAMINE ›

Leia Joao 9:24-34 para ver como glorificar o passado pode nos cegar para a obra de Deus no presente. Veja 1 Coríntios 1:10-17 para aprender como cobras de bronze podem dividir o corpo de Cristo.

CONSIDERE ›

Como descobrir quando a sua preferência por um estilo de adoração, um pastor ou autor tornou-se idolatria? De que maneira você buscara pela verdadeira adoração?

DIA 20)))))))))))

QUANDO DEUS CORREU

E, com muita pena do filho, correu, e o abraçou, e beijou.
(Lucas 15:20)

Esforçando-me para ver o horizonte distante, estreitei os olhos na tentativa de enxergar a pessoa por quem estava esperando. Milhares de pensamentos passaram por minha mente: *Será que ela sabe onde descer do trem? Ela entendeu as orientações que dei?* Meu coração batia mais rápido conforme os segundos passavam. Finalmente, a pessoa que eu tanto queria ver surgiu à minha frente! Naquele segundo, a ansiedade foi substituída por alegria.

Essa experiencia me lembra da parábola do filho pródigo. O pai estava esperando pelo retorno do filho. Todos os dias, ele olhava os campos a sua frente, procurando pelo jovem que amava. E "Quando o rapaz ainda estava longe de casa, o pai o avistou" (Lucas 15:20).

Você consegue imaginar o que o pai deveria estar fazendo para avistar o jovem a distância tão grande? Possivelmente ele tivesse se colocado num lugar mais alto para vê-lo a distância. Ou talvez se esforçasse para manter seus olhos abertos, apesar do cansaço. Não sabemos exatamente o que ele estava fazendo, mas seus esforços valeram a pena. Ele enxergou seu filho enquanto o jovem ainda estava longe. E quando o viu, "correu, e o abraço, e beijou" (v.20). O pai *correu*.

Naqueles dias, correr era considerado indigno para o patriarca da família, mas este pai estava tomado por grande alegria. Jesus contou esta parábola para ajudar os líderes religiosos, e nós também, a entendermos o coração que Deus tem para os perdidos e a alegria que Ele sente quando estes retornam.

Compartilhamos deste coração que o nosso Pai tem? No livro de Lucas 19:10, Jesus reafirma Sua declaração pessoal de missão. Ele disse: "Porque o Filho do Homem veio buscar e salvar o perdido". Até que ponto estamos dispostos a nos mobilizarmos para ver o perdido voltar para casa, ou seja, para Jesus? —*Poh Fang Chia*

EXAMINE›

Leia o livro de Oseias 11:1-4,8-9 para maior compreensão sobre o coração de Deus para com Seu povo genioso.

CONSIDERE›

De que maneira você pode crescer em amor por pessoas perdidas? O que você fará hoje para "buscar e salvar o perdido"?

LEIA› Lucas 15:11-24,28-32

[11] E Jesus disse ainda: — Um homem tinha dois filhos. [12] Certo dia o mais moço disse ao pai: "Pai, quero que o senhor me dê agora a minha parte da herança." — E o pai repartiu os bens entre os dois. [13] Poucos dias depois, o filho mais moço ajuntou tudo o que era seu e partiu para um país que ficava muito longe. Ali viveu uma vida cheia de pecado e desperdiçou tudo o que tinha. [14] — O rapaz já havia gastado tudo, quando houve uma grande fome naquele país, e ele começou a passar necessidade. [15] Então procurou um dos moradores daquela terra e pediu ajuda. Este o mandou para a sua fazenda a fim de tratar dos porcos. [16] Ali, com fome, ele tinha vontade de comer o que os porcos comiam, mas ninguém lhe dava nada. [17] Caindo em si, ele pensou: "Quantos trabalhadores do meu pai têm comida de sobra, e eu estou aqui morrendo de fome! [18] Vou voltar para a casa do meu pai e dizer: 'Pai, pequei contra Deus e contra o senhor [19] e não mereço mais ser chamado de seu filho. Me aceite como um dos seus trabalhadores.'" [20] Então saiu dali e voltou para a casa do pai. — Quando o rapaz ainda estava longe de casa, o pai o avistou. E, com muita pena do filho, correu, e o abraçou, e beijou. [21] E o filho disse: "Pai, pequei contra Deus e contra o senhor e não mereço mais ser chamado de seu filho!" [22] — Mas o pai ordenou aos empregados: "Depressa! Tragam a melhor roupa e vistam nele. Ponham um anel no dedo dele e sandálias nos seus pés. [23] Também tragam e matem o bezerro gordo. Vamos começar a festejar [24] porque este meu filho estava morto e viveu de novo; estava perdido e foi achado." — E começaram a festa. [...] [28] — O filho mais velho ficou zangado e não quis entrar. Então o pai veio para fora e insistiu com ele para que entrasse. [29] Mas ele respondeu: "Faz tantos anos que trabalho como um escravo para o senhor e nunca desobedeci a uma ordem sua. Mesmo assim o senhor nunca me deu nem ao menos um cabrito para eu fazer uma festa com os meus amigos. [30] Porém esse seu filho desperdiçou tudo o que era do senhor, gastando dinheiro com prostitutas. E agora ele volta, e o senhor manda matar o bezerro gordo!" [31] — Então o pai respondeu: "Meu filho, você está sempre comigo, e tudo o que é meu é seu. [32] Mas era preciso fazer esta festa para mostrar a nossa alegria. Pois este seu irmão estava morto e viveu de novo; estava perdido e foi achado."

DIA 21 >>>>>>>>>>>

O TEMPO TODO

...ainda ali a tua mão me guia,
ainda ali tu me ajudas.
(Salmo 139:10)

Quando os extraordinários pais de minha amiga morreram num acidente aéreo há alguns anos, ela escreveu uma mensagem tão linda que circulou ao redor do mundo. No cerne da carta estavam as seguintes verdades: "Deus é bom em todo o tempo. E em todo tempo Deus é bom" (Salmo 34:8-10).

"Nunca estive tão fraca nem senti tanta dor em minha vida", ela escreveu, quando ainda caloura na universidade. "Deve então ser um Salvador amoroso que me cerca e me abraça firmemente. Sei que Deus está presente nas pequenas promessas que Ele me mostra todos os dias, como está neste versículo que Ele deu a meu irmão:

"Se eu subir ao céu, tu lá estas; se descer ao mundo dos mortos, lá estas também. Se eu voar para o Oriente ou for viver nos lugares mais distantes do Ocidente, ainda ali a tua mão me guia, ainda ali tu me ajudas" (Salmo 139:8-10).

"Meus pais, tão doces, estavam voando com Jesus e Sua mão estava com eles quando foram encontrá-lo nas profundezas do mar. E Ele os está segurando agora e está nos segurando também. Quão grande é nosso Deus".

"Sinto falta deles com todo o meu coração," ela concluiu. "Continuo esperando todas as manhãs que meu pai venha me beijar na testa antes de ir ao trabalho e que minha mãe se sente a mesa da cozinha para conversar comigo, vestindo seu roupão de banho tomando uma xicara de chá. Lembro-me então que teremos toda a eternidade para fazer isso. A separação e apenas temporária."

Obrigada, querida amiga, por nos ajudar a vislumbrar o consolo e a esperança eterna que Deus nos concede em meio a dor e a perda. Sim, Ele é bom... em todo o tempo. —*Roxanne Robbins*

LEIA › Salmo 139:1-10

¹ *Ó SENHOR Deus, tu me examinas e me conheces.* ² *Sabes tudo o que eu faço e, de longe, conheces todos os meus pensamentos.* ³ *Tu me vês quando estou trabalhando e quando estou descansando; tu sabes tudo o que eu faço.* ⁴ *Antes mesmo que eu fale, tu já sabes o que vou dizer.* ⁵ *Estás em volta de mim, por todos os lados, e me proteges com o teu poder.* ⁶ *Eu não consigo entender como tu me conheces tão bem; o teu conhecimento é profundo demais para mim.* ⁷ *Aonde posso ir a fim de escapar do teu Espírito? Para onde posso fugir da tua presença?* ⁸ *Se eu subir ao céu, tu lá estás; se descer ao mundo dos mortos, lá estás também.* ⁹ *Se eu voar para o Oriente ou for viver nos lugares mais distantes do Ocidente,* ¹⁰ *ainda ali a tua mão me guia, ainda ali tu me ajudas.*

EXAMINE ›

Minha amiga acreditava na bondade de Deus mesmo após a morte repentina de seus pais. Leia Salmo 103:13-18 para entender melhor o amor e cuidado de Deus por nós.

CONSIDERE ›

De que maneira tangível você pode expressar o amor de Deus a alguém enlutado? Como o amor dele transformou o seu modo de ver a vida e a morte?

DIA 22 〉〉〉〉〉〉〉〉〉

DESCANSE

No sétimo dia Deus acabou de fazer todas as coisas e descansou de todo o trabalho que havia feito. (Gênesis 2:2)

Vivemos em um mundo orientado pelo fazer e parece que simplificar nossa vida nunca foi tão complicado. Responda as perguntas a seguir da forma mais honesta possível para determinar se você precisa descansar: *Sinto-me estressado ao realizar minhas tarefas diárias? Encontro alegria na vida que Deus me deu? Tenho o descanso que meu corpo precisa? Consigo ouvir a voz de Deus?*

Pode parecer que sempre há trabalho a fazer e não há tempo para o descanso, mas Deus nunca quis que fosse assim para Seu povo. O Senhor queria que seguíssemos Seu exemplo vivendo de acordo com o ritmo de vida que Ele estabeleceu. Assim, deu-nos o exemplo quando trabalhou por seis dias, criando os céus e a terra (Gênesis 2:1), e depois descansou no sétimo dia (v.2). Deus descansou, não porque estivesse cansado, mas porque queria estabelecer um padrão para Sua criação (v.3) — um ritmo de trabalho e descanso. Mais tarde, esse dia seria chamado sábado (Êxodo 16:23; 20:8-11) e foi planejado para que ajudasse o povo a redescobrir Deus como Criador, Redentor e Provedor (Deuteronômio 5:12-15). Também era um tempo especial da semana para que as pessoas se recuperassem física e emocionalmente.

Mesmo que creiamos que cada dia pertença a Deus, faríamos bem se separássemos um dia por semana para descansar. Este descanso será diferente para cada um. Mas poderíamos incluir momentos de adoração pessoal e em grupos, com oração, leitura e meditação na Palavra de Deus. Também podemos celebrar este dia descansando os nossos corpos, desconectando-nos da tecnologia, passando tempo com a família e nos recusando a deixar que as preocupações de nosso emprego interfiram.

Nosso tempo de descanso sabático nos renova para que possamos servir a Deus e ao próximo efetivamente. —*Marvin Williams*

LEIA› Gênesis 2:1-3

¹ *Assim terminou a criação do céu, e da terra, e de tudo o que há neles.* ² *No sétimo dia Deus acabou de fazer todas as coisas e descansou de todo o trabalho que havia feito.* ³ *Então abençoou o sétimo dia e o separou como um dia sagrado, pois nesse dia ele acabou de fazer todas as coisas e descansou.*

EXAMINE›

Leia o livro de Mateus 11:28,29 e veja como Jesus traz descanso a nossa alma. Nosso descanso semanal deveria nos lembrar do descanso eterno que um dia gozaremos (Hebreus 4:3,11).

CONSIDERE›

Você acha difícil diminuir o ritmo e descansar? Por que sim ou por que não? Se sim, que mudanças você e sua família precisam implementar?

DIA 23 >>>>>>>>>>>

GOOGLE E GRAÇA

Essa graça nos ensina a abandonarmos a descrença e as paixões mundanas e a vivermos neste mundo uma vida prudente, correta e dedicada a Deus.
(Tito 2:12)

"Por meio da Internet se deu a conexão entre todos os homens. Ela nos ensina a dizer sim ao *YouTube* e *Facebook*, e a viver neste presente século sendo indulgentes e imediatistas, enquanto esperamos pelo abençoado 'som' que mostra que alguém nos procura *on-line*."

Quando um amigo criou está citação, substituindo algumas palavras de Tito 2:12-13, e compartilhou conosco, ele nos fez rir! No entanto, após o riso, nos lembramos de uma realidade preocupante: essa não é a maneira que devemos viver. Em vez disso, a Palavra de Deus afirma: "renegadas a impiedade e as paixões mundanas, vivamos, no presente século, sensata, justa e piedosamente, aguardando a bendita esperança e a manifestação da glória do nosso grande Deus e Salvador Cristo Jesus" (ARA).

Como cristãos, devemos ser pessoas instruídas pela graça de Deus, e não pelo *Google*. O livro de Tito 2:12 ensina que a graça de Deus em Cristo é a verdadeira base da instrução e da motivação para a vida cristã.

Pela graça de Deus, Jesus tomou a nossa pena e morreu por nossos pecados. Ele morreu para que pudéssemos nos tornar as pessoas que Deus quer que sejamos (v.14). A cruz é um testemunho do fato de que a graça divina pode mudar o nosso coração, não importa o que tenhamos feito. Também nos lembra de que nunca somos bons o bastante para não precisarmos dela.

A graça de Deus nos desafia a transformar as coisas erradas da vida em obediência e em algo certo. Significa mais do que "favor imerecido". Porque não é só um favor imerecido ter a vida de Deus em nós; com isso, também experimentamos à força imerecida para viver de maneira que o agradamos. —*Poh Fang Chia*

LEIA› Tito 2:11-14

¹¹ *Pois Deus revelou a sua graça para dar a salvação a todos.* ¹² *Essa graça nos ensina a abandonarmos a descrença e as paixões mundanas e a vivermos neste mundo uma vida prudente, correta e dedicada a Deus,* ¹³ *enquanto ficamos esperando o dia feliz em que aparecerá a glória do nosso grande Deus e Salvador Jesus Cristo.* ¹⁴ *Foi ele quem se deu a si mesmo por nós, a fim de nos livrar de toda maldade e de nos purificar, fazendo de nós um povo que pertence somente a ele e que se dedica a fazer o bem.*

EXAMINE›

Leia o livro de 1 Coríntios 15:10 para ver o impacto que a graça de Deus tinha sobre a vida do apostolo Paulo.

CONSIDERE›

Onde você encontra instruções para a vida: na graça de Deus ou no *Google*? De que maneira você reage a Sua graça?

DIA 24))))))))))

IMPORTÂNCIA E DIGNIDADE

O que somos nós, para que nos dês tanta importância e te preocupes com a gente? (Jó 7:17)

Era uma noite como qualquer outra. Davi tinha a responsabilidade de pastorear o rebanho da família e levar as ovelhas a pastar em lugares ermos (Salmo 78:70-71). Depois de ter guardado o rebanho em segurança durante a noite e tendo se deitado para descansar, Davi contemplava os céus. Inspirado pela lua cheia e pelas estrelas brilhantes (8:3), ele meditava na gloria de Deus e na dignidade das pessoas.

Davi fascinava-se com a imensidão dos céus, cativado com a grandeza majestosa da criação celestial de Deus (v.3). Ele contemplou a glória do Deus Criador com as mesmas palavras introdutórias e conclusivas: "O Senhor, nosso Deus, a tua grandeza é vista no mundo inteiro..." (vv.1,9).

Davi ficou perplexo e surpreso com a importância e dignidade que Deus tinha dado a ele, um mero mortal (vv.4-8). Ele perguntou: "...que é um simples ser humano para que penses nele? Que é um ser mortal para que te preocupes com ele?" (v.4).

Fica evidente o cuidado especial de Deus quando comparamos o destino de três ordens da criação de Deus — os anjos, a terra e os seres humanos. Todos os anjos maus, incluindo Satanás, estão condenados ao inferno (Mateus 25:41). E a terra será destruída e substituída por uma nova terra (2 Pedro 3:7,13). Somente pessoas serão redimidas e salvas (Hebreus 2:16), pois são muito preciosas para Deus (Salmo 8:3-5).

Davi relembrou a majestade do homem antes da queda (Salmo 8:6-8; Gênesis 1:26-31). As pessoas foram criadas "inferior somente a [Deus]" (Salmo 8:5). Uau! Davi então volta o seu olhar para o futuro destino da humanidade. Pessoas redimidas serão restauradas e coroadas "de glória e de honra" (v.5). Elas terão domínio sobre as obras de Deus (v.6). Olhe-se no espelho e perceba que Deus deu a você grande importância e dignidade. —*K. T. Sim*

LEIA › Salmo 8

¹ *Ó Senhor, Senhor nosso, a tua grandeza é vista no mundo inteiro. O louvor dado a ti chega até o céu* ² *e é cantado pelas crianças e pelas criancinhas de colo. Tu construíste uma fortaleza para te proteger dos teus inimigos, para acabar com todos os que te desafiam.* ³ *Quando olho para o céu, que tu criaste, para a lua e para as estrelas, que puseste nos seus lugares —* ⁴ *que é um simples ser humano para que penses nele? Que é um ser mortal para que te preocupes com ele?* ⁵ *No entanto, fizeste o ser humano inferior somente a ti mesmo e lhe deste a glória e a honra de um rei.* ⁶ *Tu lhe deste poder sobre tudo o que criaste; tu puseste todas as coisas debaixo do domínio dele:* ⁷ *as ovelhas e o gado e os animais selvagens também;* ⁸ *os pássaros e os peixes e todos os seres que vivem no mar.* ⁹ *Ó Senhor, nosso Deus, a tua grandeza é vista no mundo inteiro.*

EXAMINE ›

De que forma o escritor aos Hebreus (2:6-10) aplica o Salmo 8 a Jesus e sua vinda em carne, a sua crucificação, ressurreição e reino dos céus?

CONSIDERE ›

Saia numa noite clara e leia o livro do Salmo 8 e contemple o céu. Traz-lhe algum conforto saber que Deus está pensando em você?

DIA 25 »»»»»»»
DALTÔNICO

Desde que Deus criou o mundo, as suas qualidades invisíveis [...] têm sido vistas claramente. Os seres humanos podem ver tudo isso nas coisas que Deus tem feito e [...] não têm desculpa... (Romanos 1:20)

O termo "daltônico" pode induzir ao erro, sugerindo que pessoas nesta condição podem ver o mundo só em preto e branco. Na verdade, a maior parte das pessoas daltônicas, consegue enxergar tonalidades em amarelo e azul. Somente poucas pessoas são daltônicas de todas as cores e conseguem enxergar sombras em branco, cinza e preto, vendo o mundo como uma fotografia em preto e branco.

O daltonismo pode parecer debilitante, mas a habilidade do olho para compensar essa deficiência é extraordinária. Por exemplo, pessoas daltônicas tendem a ter uma visão noturna excepcional. Elas também são mais sensíveis a contornos e curvas de nível. Durante a Segunda Guerra Mundial, alguns soldados daltônicos foram colocados em aviões espiões para identificar campos inimigos camuflados, que eram invisíveis para pessoas com uma visão normal. A Bíblia diz que nossa visão influencia a maneira de percebermos a Deus. Observe algumas causas e efeitos óticos:

Visão Ofuscada = Desespero. "O Deus, estou aflito, esperando que tu me livres dos meus inimigos; eu ponho a minha esperança na tua palavra. Os meus olhos estão cansados de tanto olhar, esperando o que prometeste, e eu pergunto: Quando vens me consolar?" (Salmo 119:81,82).

Visão Limitada = Compreensão Incompleta. "O que agora vemos e como uma imagem imperfeita num espelho embaçado, mas depois veremos face a face. Agora o meu conhecimento e imperfeito, mas depois conhecerei perfeitamente, assim como sou conhecido por Deus" (1 Coríntios 13:12).

Visão Perspicaz = Conhecendo a Deus. "Desde que Deus criou o mundo, as suas qualidades invisíveis, isto e, o seu poder eterno e a sua natureza divina tem sido vistas claramente [...] e, portanto, eles não tem desculpa nenhuma" (Romanos 1:20).

Uma visão terrena comprometida oferece a você uma oportunidade de confiar e amar a Deus, apesar de nunca tê-lo visto (1 Pedro 1:8). —*Roxanne Robbins*

LEIA › Romanos 1:18-25

¹⁸ *Do céu Deus revela a sua ira contra todos os pecados e todas as maldades das pessoas que, por meio das suas más ações, não deixam que os outros conheçam a verdade a respeito de Deus.* ¹⁹ *Deus castiga essas pessoas porque o que se pode conhecer a respeito de Deus está bem claro para elas, pois foi o próprio Deus que lhes mostrou isso.* ²⁰ *Desde que Deus criou o mundo, as suas qualidades invisíveis, isto é, o seu poder eterno e a sua natureza divina, têm sido vistas claramente. Os seres humanos podem ver tudo isso nas coisas que Deus tem feito e, portanto, eles não têm desculpa nenhuma.* ²¹ *Eles sabem quem Deus é, mas não lhe dão a glória que ele merece e não lhe são agradecidos. Pelo contrário, os seus pensamentos se tornaram tolos, e a sua mente vazia está coberta de escuridão.* ²² *Eles dizem que são sábios, mas são tolos.* ²³ *Em vez de adorarem ao Deus imortal, adoram ídolos que se parecem com seres humanos, ou com pássaros, ou com animais de quatro patas, ou com animais que se arrastam pelo chão.* ²⁴ *Por isso Deus entregou os seres humanos aos desejos do coração deles para fazerem coisas sujas e para terem relações vergonhosas uns com os outros.* ²⁵ *Eles trocam a verdade sobre Deus pela mentira e adoram e servem as coisas que Deus criou, em vez de adorarem e servirem o próprio Criador, que deve ser louvado para sempre. Amém!*

EXAMINE ›

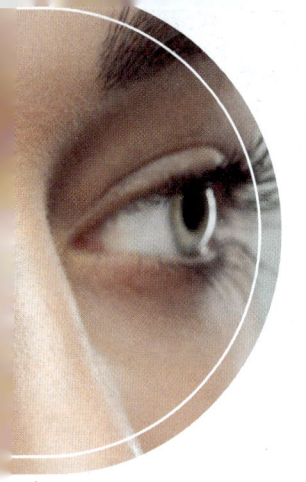

Leia o livro de 2 Coríntios 5:7 para ver a diferença entre fé e visão distorcida.

CONSIDERE ›

Imagine a Bíblia como um telescópio em que você espreita o coração de Deus. De que forma sua visão nela influencia sua visão de todas as demais coisas?

DIA 26 >>>>>>>>>>>>

PERSEVERANDO

— *Meu senhor,* — *disse Davi* — *[...]*
*O Senhor Deus me salvou dos leões
e dos ursos e me salvará também
desse filisteu.* (1 Samuel 17:34,37)

O filme *O céu de outubro* (1999) nos conta a notável história de um adolescente que sonhava construir foguetes. Após ver o *Sputnik*, o primeiro satélite artificial de órbita terrestre, cruzar o céu noturno em 1957, um profundo desejo de construir foguetes e fazer parte do programa espacial da NASA inflamou-se em Homer Hickam.

O problema era que quase tudo ia contra o sonho de Hickam. Ele morava em uma pequena cidade de mineração de carvão que lhe oferecia poucas oportunidades. Seus amigos pensavam que ele era louco. E seu pai o pressionava para se tornar minerador. Ele fez o que pode para garantir que os desejos do filho se apagassem. Mas Hickam perseverou. Ele lutou contra a oposição e eventualmente realizou seu sonho.

A história de Homer Hickam me lembra a do pastor adolescente Davi. Jessé, o pai de Davi, o havia enviado para verificar o bem-estar de seus irmãos que estavam lutando nas linhas de frente contra os filisteus (1 Samuel 17:17-19). Enquanto Davi conversava com seus irmãos, o gigante filisteu chamado Golias desafiou qualquer israelita que tivesse coragem de ir até lá e lutar com ele (v.23).

Após saber que Golias vinha zombando de Israel por 40 dias, um desejo de lutar com o gigante irrompeu em Davi. Quando ele deixou claro que já ouvira palavras desafiadoras suficientes do filisteu (v.26), Davi foi confrontado por seu irmão Eliabe. Temeroso que seu irmão mais novo o expusesse, ele acusou Davi de ir até lá apenas para assistir ao combate (v.28). Mas Davi perseverou e fez frente a oposição (vv.29,30). Ele sabia que Deus o havia chamado e preparado para lutar esta batalha épica (vv.34-37).

Não permita que outros o forcem a comprometer a pessoa que você sabe Deus o chamou para ser. Como Davi e Homer Hickam, lute contra a oposição e persevere! —*Jeff Olson*

LEIA › 1 Samuel 17:17-18, 23-24, 32-37, 41-45, 49-51

¹⁷ *Um dia Jessé disse a Davi: — Pegue dez quilos de trigo torrado e estes dez pães e vá depressa levar para os seus irmãos no acampamento.* ¹⁸ *Leve também estes dez queijos ao comandante. Veja como os seus irmãos estão passando e traga uma prova de que você os viu e de que eles estão bem. [...]* ²³*Enquanto Davi estava falando com eles, Golias avançou e desafiou os israelitas, como já havia feito antes. E Davi escutou.* ²⁴ *Quando os israelitas viram Golias, fugiram apavorados.* [³² *Davi chegou e disse a Saul: — Meu senhor, ninguém deve ficar com medo desse filisteu! Eu vou lutar contra ele.* ³³ *Mas Saul respondeu: — Você não pode lutar contra esse filisteu. Você não passa de um rapazinho, e ele tem sido soldado a vida inteira!* ³⁴ *— Meu senhor, — disse Davi — eu tomo conta das ovelhas do meu pai. Quando um leão ou um urso carrega uma ovelha,* ³⁵ *eu vou atrás dele, ataco e tomo a ovelha. Se o leão ou o urso me ataca, eu o agarro pelo pescoço e o golpeio até matá-lo.* ³⁶ *Tenho matado leões e ursos e vou fazer o mesmo com esse filisteu pagão, que desafiou o exército do Deus vivo.* ³⁷ *O Senhor Deus me salvou dos leões e dos ursos e me salvará também desse filisteu. [...]* ⁴¹*Golias, o filisteu, começou a caminhar na direção de Davi. O ajudante que carregava as suas armas ia na frente. Quando chegou perto de Davi,* ⁴² *Golias olhou bem para ele e começou a caçoar porque Davi não passava de um rapaz bonito e de boa aparência.* ⁴³ *Aí disse a Davi: — Para que é esse bastão? Você pensa que eu sou algum cachorro? Em seguida rogou a maldição dos seus deuses sobre Davi* ⁴⁴ *e o desafiou, dizendo: — Venha, que eu darei o seu corpo para as aves e os animais comerem.* ⁴⁵ *Davi respondeu: — Você vem contra mim com espada, lança e dardo. Mas eu vou contra você em nome do Senhor Todo-Poderoso, o Deus dos exércitos israelitas, que você desafiou. [...]* ⁴⁹ *Enfiou a mão na sua sacola, pegou uma pedra e com a funda a atirou em Golias. A pedra entrou na testa de Golias, e ele caiu de cara no chão.* ⁵⁰⁻⁵¹ *Então Davi correu, ficou de pé sobre Golias, tirou a espada dele da bainha e o matou, cortando com ela a cabeça dele. E assim Davi venceu Golias e o matou apenas com uma pedra. Quando os filisteus viram que o seu herói estava morto, fugiram.*

EXAMINE ›

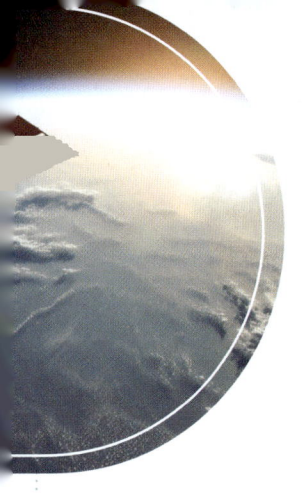

Leia o livro de Jó 17:9 para aprender o que as pessoas que verdadeiramente perseveram em Deus fazem.

CONSIDERE ›

Que oposição você está enfrentando na tentativa de se tornar a pessoa que deveria ser? De que maneira você está perseverando em Jesus?

DIA 27 》》》》》》》》》

SEM MANCHA

Lavem-se e purifiquem-se...
(Isaías 1:16)

Derrubei meu celular, acidentalmente, na lata de lixo. Escorregou direto para o fundo, e quando tirei-o dali estava coberto com algum tipo de gosma nojenta. Horrorizada, comecei a borrifar, esfregar, desinfetar. Não parei até o telefone estar sem mancha.

Deus chamou o povo de Israel para se "higienizar". Eles haviam vivido como uma nação de desertores espirituais (Isaías 1:4) mesmo praticando suas cerimonias religiosas. Deus estava extremamente farto da situação. Ele disse: "Estou farto de bodes e de animais gordos queimados no altar" (v.11), e "Quando vocês levantarem as mãos para orar, eu não olharei para vocês" (v.15). Deus não queria uma demonstração externa de confissão sem um comprometimento interno de agir diferentemente.

Deus, felizmente, traçou alguns passos para ajudar Israel a acertar-se com Ele. E começou dizendo: "Parem de fazer o que é mau" (v.16). Como cristãos, temos a responsabilidade de acabar com o pecado que nos separa de Deus. Qualquer atitude diferente disso significa menosprezar a Sua graça. Paulo perguntou: "Será que devemos continuar vivendo no pecado para que a graça de Deus aumente ainda mais? É claro que não!" (Romanos 6:1-2).

Uma vez que interrompemos as ações pecaminosas especificas, e importante substitui-las por atividades que agradam a Deus. Purificar-nos envolve aprender "a fazer o que é bom" (Isaías 1:17). Especificamente, podemos ajudar ao pobre, defender os órfãos ou patrocinar os direitos das viúvas.

Como os israelitas, muitos de nós pecamos sem parar e supostamente purificamo-nos diante de Deus todos os domingos. Com a ajuda do Espírito Santo (Ezequiel 36:27), podemos interromper esse ciclo e alinhar nossas ações com nosso coração arrependido. Podemos seguir a ordenança de Deus: "Lavem-se" (Isaías 1:16), e Ele nos tornara verdadeiramente sem mancha. —*Jennifer Benson Schuldt*

LEIA › Isaías 1:1-3,5-6,8,11-12,15-20

¹ *São estas as mensagens a respeito de Judá e de Jerusalém que o Senhor Deus deu a Isaías, filho de Amoz, durante os reinados de Uzias, Jotão, Acaz e Ezequias em Judá.* ² *Escutem, ó céus, preste atenção, ó terra, pois o Senhor Deus falou! Ele disse: "Criei filhos e cuidei deles, mas eles se revoltaram contra mim.* ³ *O boi conhece o seu dono, e o jumento sabe onde o dono põe o alimento para ele, mas o meu povo não sabe nada, o povo de Israel não entende coisa nenhuma." […]* ⁵ *Por que vocês continuam a pecar? Será que querem receber mais castigos? A sua cabeça está ferida, e todos estão desanimados.* ⁶ *Da cabeça até os pés, o corpo de vocês está machucado, cheio de ferimentos e de chagas abertas, que não foram lavadas, nem enfaixadas, nem limpadas com azeite. […]* ⁸ *Só ficou Jerusalém, como se fosse uma barraca de vigia numa plantação de uvas, como uma cabana numa plantação de pepinos ou como uma cidade cercada pelos inimigos. […]* ¹¹ *O Senhor diz: "Eu não quero todos esses sacrifícios que vocês me oferecem. Estou farto de bodes e de animais gordos queimados no altar; estou enjoado do sangue de touros novos, não quero mais carneiros nem cabritos.* ¹² *Quando vocês vêm até a minha presença, quem foi que pediu todo esse corre-corre nos pátios do meu Templo? […]* ¹⁵ *"Quando vocês levantarem as mãos para orar, eu não olharei para vocês. Ainda que orem muito, eu não os ouvirei, pois os crimes mancharam as mãos de vocês.* ¹⁶ *Lavem-se e purifiquem-se! Não quero mais ver as suas maldades! Parem de fazer o que é mau* ¹⁷ *e aprendam a fazer o que é bom. Tratem os outros com justiça; socorram os que são explorados, defendam os direitos dos órfãos e protejam as viúvas."* ¹⁸ *O Senhor Deus diz: "Venham cá, vamos discutir este assunto. Os seus pecados os deixaram manchados de vermelho, manchados de vermelho escuro; mas eu os lavarei, e vocês ficarão brancos como a neve, brancos como a lã.* ¹⁹ *Se forem humildes e me obedecerem, vocês comerão das coisas boas que a terra produz.* ²⁰ *Mas, se forem rebeldes e desobedientes, serão mortos na guerra. Eu, o Senhor, falei."*

EXAMINE ›

Leia o livro de Romanos 13:11-14 para entender a urgência envolvida em acertar-se com Deus. Por que é tão importante substituir hábitos de pecado por atitudes que agradem a Deus?

CONSIDERE ›

De que maneira a confissão desonesta feita por cristãos afeta a maneira como incrédulos veem a fé cristã?

DIA 28 〉〉〉〉〉〉〉〉〉〉

MEMENTO MORI

Portanto, eu, o rei Nabucodonosor, agradeço ao Rei do céu e lhe dou louvor e glória. Tudo o que ele faz é certo e justo, e ele pode humilhar qualquer pessoa orgulhosa.
(Daniel 4:37)

Memento mori e uma frase em latim que diz "Lembre-se que você é mortal". Os historiadores acreditam que a frase foi usada em Roma quando Júlio César retornou após muitos anos de luta no exterior. Enquanto César festejava a vitória desfilando pelas ruas, um escravo ia atras dele repetindo as palavras *Memento mori*. Estas palavras eram um lembrete a César de que a sua majestade poderia ser rebaixada a qualquer momento.

Talvez o rei Nabucodonosor devesse ter alguém atrás dele gritando *Memento mori*. O rei tornara-se grande e influente, mas falhou em reconhecer que todo o seu poder foi dado por Deus — que realmente possui todo o poder. Deus lembrou-o, no entanto, que ele era apenas humano. Deus permitiu que ele tivesse um sonho que lhe trouxe grande ansiedade e terror. Como o rei não conseguia entender o sonho, convocou todos os sábios da Babilônia para que pudessem interpretá-lo. Eles não conseguiram, e então Daniel, que servia ao Senhor, disse-lhe o significado. Deus humilharia o orgulhoso rei até que ele reconhecesse que só Deus era soberano sobre todos os reinos. Daniel o aconselhou a renunciar o seu orgulho.

Um ano mais tarde, enquanto Nabucodonosor usufruía de sua própria majestade, Deus o humilhou com uma insanidade. Quando o rei reconheceu e louvou a Deus como o Soberano Senhor, a sua sanidade e condição humana foram restauradas.

Quando nos sentimos poderosos, que possamos ouvir o Espírito Santo sussurrar para nós *Memento mori*. Levantemos nossos olhos para o céu, louvando, honrando e glorificando o Altíssimo, aquele que vive para sempre. Porque nós somos mais humanos quando exultamos no Deus soberano. —*Marvin Williams*

LEIA › Daniel 4:28-36

²⁸ *E, de fato, tudo isso aconteceu com o rei Nabucodonosor.* ²⁹ *Doze meses mais tarde, ele estava passeando no terraço do seu palácio na cidade de Babilônia* ³⁰ *e disse: — Como é grande a cidade de Babilônia! Com o meu grande poder, eu a construí para ser a capital do meu reino, a fim de mostrar a todos a minha grandeza e a minha glória.* ³¹ *O rei ainda estava falando quando veio uma voz do céu, que disse: — Preste atenção, rei Nabucodonosor! Este reino não é mais seu.* ³² *Você será expulso do meio dos seres humanos, ficará morando com os animais selvagens e comerá capim como os bois. Isso durará sete anos, até que você reconheça que o Deus Altíssimo domina todos os reinos do mundo e coloca como rei quem ele quer.* ³³ *Naquele mesmo instante, cumpriu-se a sentença contra Nabucodonosor. Ele foi expulso do meio dos seres humanos e começou a comer capim como os bois. Dormia ao ar livre e ficava molhado pelo sereno. O seu cabelo ficou comprido, parecido com penas de águia, e as suas unhas cresceram tanto, que pareciam garras de um gavião. O rei Nabucodonosor louva o Deus Altíssimo* ³⁴ *O rei disse: — Depois de passados os sete anos, eu olhei para o céu, e o meu juízo voltou. Aí agradeci ao Deus Altíssimo e dei louvor e glória àquele que vive para sempre. Eu disse: "O poder do Altíssimo é eterno; o seu reino não terá fim.* ³⁵ *Para ele, os seres humanos não têm nenhum valor; ele governa todos os anjos do céu e todos os moradores da terra. Não há ninguém que possa impedi-lo de fazer o que quer; não há ninguém que possa obrigá-lo a explicar o que faz."* ³⁶ *— Logo que o meu juízo voltou — continuou Nabucodonosor —, eu recebi outra vez a minha honra, a minha majestade e a glória do meu reino. Os meus conselheiros e as altas autoridades do meu governo me receberam de volta. Fui rei de novo, com mais poder do que antes.*

EXAMINE ›

Leia o livro de Tiago 4:13-17 e veja outro exemplo de orgulho tolo e arrogante.

CONSIDERE ›

Quando Deus lembrou-lhe de que você é mortal e que Ele é o Soberano? Pense sobre Deus, quem Ele é e o que Ele faz. De que maneira você o louvará hoje?

DIA 29))))))))))

ESTOU BEM

Eu o estou enviando para contar
como todos nós vamos indo
e assim animar vocês.

(Colossenses 4:8)

No meu país, é costume dizer: "Como você está?" ao cumprimentar alguém. E depois vem a resposta reflexiva inevitável: "Tudo bem, e você?", não importa como a pessoa realmente se sente. E simplesmente uma saudação.

Meu pastor é da República Democrática do Congo, e por isso ele tem uma visão diferente sobre esta parte superficial da minha cultura. O pastor Kizombo tem o hábito de saudar olhando diretamente nos olhos enquanto pergunta: "Como vai você?" Então ele pergunta novamente: "Na verdade, como você realmente está?" Ele está realmente interessado e terá tempo para ouvir. Cumprimentos para ele não são meras formalidades, mas uma oportunidade para se conectar. As pessoas nunca são uma interrupção.

O apóstolo Paulo também não recorria as formalidades. Suas cartas terminam com cordiais saudações aos amigos que ele desejava ver. Ele chamava as pessoas pelo nome. E quem levava a carta muitas vezes dava um relatório pessoal diretamente de Paulo.

Na carta aos colossenses, Paulo disse que tinha enviado dois amigos (Onésimo e Tíquico) com cartas que escrevera. "Eles vão lhes contar tudo o que está acontecendo aqui", escreveu ele (4:9). Preso em Roma, ele ainda se importava com as igrejas nas casas que se espalhavam pela Ásia Menor. Ele não queria enviar uma simples saudação usual, então mandou breves instruções e seu amor sincero. Para Arquipo, por exemplo, enviou as palavras motivadoras: "procure cumprir bem a tarefa que você recebeu no serviço do Senhor" (v.17).

Dois dos maiores presentes que podemos dar uns aos outros e o nosso tempo e interesse. Hoje, sejamos conscientes das oportunidades de realmente nos conectarmos com alguém que talvez esteja sofrendo, mesmo que isso signifique cumprimentar as pessoas com verdadeiro interesse. —*Tim Gustafson*

LEIA> Colossenses 4:7-18

⁷ *Tíquico, nosso querido irmão, trabalhador fiel e companheiro no serviço do Senhor, levará a vocês todas as notícias minhas.* ⁸ *Eu o estou enviando para contar como todos nós vamos indo e assim animar vocês.* ⁹ *Com ele vai Onésimo, o querido e fiel irmão, que é da igreja de vocês. Eles vão lhes contar tudo o que está acontecendo aqui.* ¹⁰ *Aristarco, que está na cadeia comigo, lhes manda saudações; e também Marcos, o primo de Barnabé. Vocês já têm orientação a respeito de Marcos, para recebê-lo bem, se ele passar por aí.* ¹¹ *Josué, chamado "o Justo", também manda saudações. Esses três são os únicos judeus convertidos que trabalham comigo para o Reino de Deus e eles têm me ajudado muito.* ¹² *Epafras, outro que é da igreja de vocês e é servo de Cristo Jesus, também manda saudações. Ele sempre ora com fervor por vocês. Ele pede a Deus que faça com que vocês sejam sempre firmes, espiritualmente maduros e prontos para cumprir tudo o que Deus quer.* ¹³ *Eu posso afirmar que ele tem trabalhado muito em favor de vocês e pela gente de Laodiceia e de Hierápolis.* ¹⁴ *Lucas, o nosso querido médico, e o irmão Demas mandam saudações.* ¹⁵ *Mandamos saudações aos irmãos que moram em Laodiceia. Saudações também para Ninfa e para a igreja que se reúne na casa dela.* ¹⁶ *Peço que, depois de lerem esta carta, vocês a mandem para Laodiceia a fim de que os irmãos de lá também a leiam. E vocês leiam a carta que vai chegar de Laodiceia.* ¹⁷ *E digam isto a Arquipo: procure cumprir bem a tarefa que você recebeu no serviço do Senhor.* ¹⁸ *Com a minha própria mão escrevo isto: Saudações de Paulo. Não esqueçam que estou na cadeia. Bênção. Que a graça de Deus esteja com vocês!*

EXAMINE>

Leia o livro de 1 João 3:11-24 e aprenda as instruções do apóstolo Joao aos cristãos. Qual deve ser nossa principal característica? Quem é o nosso modelo de amor verdadeiro? (v.16).

CONSIDERE>

Qual prática (hábito) superficial você precisa modificar hoje? De que forma você vai fazer isso?

DIA 30

ÁGUAS AMARGAS

Mas, se no coração de vocês existe inveja, amargura e egoísmo, então não mintam contra a verdade, gabando-se de serem sábios.
(Tiago 3:14)

A primeira vez que a conheci, algo em nossa interação realmente me incomodou. Um dia depois, eu estava orando a Deus e procurando em meu coração porque eu me sentia tão inquieta com minha nova amizade. Afinal, tinha sido um encontro social bastante típico, e geralmente gosto de conhecer pessoas. Ainda classificando-a, hoje eu pedi ao Espírito Santo para me mostrar se eu estava realmente sentindo algo negativo e verdadeiro ou se fui simplesmente pega no jogo de comparação mais uma vez.

Quando se trata de lidar com a inveja, por vezes tentamos enterrar os nossos sentimentos ou "melhorá-los" com algumas palavras que soem espirituais. Mas quando realmente encaramos a verdade, a inveja e simplesmente feia.

Tiago vai ainda mais longe ao dizer: "Essa espécie de sabedoria não vem do céu; ela é deste mundo, e da nossa natureza humana e é diabólica. Pois, onde há inveja e egoísmo, há também confusão e todo tipo de coisas más" (3:15-16). Você percebeu que a inveja é *diabólica*? Embora esta palavra pareça forte, quando se trata da armadilha de comparar-nos uns aos outros, sabemos que esta prática originou-se com o pai da mentira.

Você já experimentou um desejo egoísta de algo que pertence a outra pessoa? Você já sentiu a resposta emocional forte enquanto você avaliava os outros? Se diminuímos a nós mesmos ou os outros porque falhamos em estar à altura, o resultado é destrutivo (vv.9-10).

Empurrar os nossos sentimentos para dentro não os faz ir embora. Quando nossas palavras, faladas ou não, começam a mostrar uma mudança de doces para amargas (vv.11-12), precisamos revelar a escuridão em nosso coração para Deus e experimentar o poder de cura da Sua Palavra. Somente Ele pode nos ajudar a superar a inveja. —*Regina Franklin*

LEIA › Tiago 3:2-18

² Todos nós sempre cometemos erros. Quem não comete nenhum erro no que diz é uma pessoa madura, capaz de controlar todo o seu corpo. ³ Até na boca dos cavalos colocamos um freio para que nos obedeçam e assim fazemos com que vão aonde queremos. ⁴ Pensem no navio: grande como é, empurrado por ventos fortes, ele é guiado por um pequeno leme e vai aonde o piloto quer. ⁵ É isto o que acontece com a língua: mesmo pequena, ela se gaba de grandes coisas. Vejam como uma grande floresta pode ser incendiada por uma pequena chama! ⁶ A língua é um fogo. Ela é um mundo de maldade, ocupa o seu lugar no nosso corpo e espalha o mal em todo o nosso ser. Com o fogo que vem do próprio inferno, ela põe toda a nossa vida em chamas. ⁷ O ser humano é capaz de dominar todas as criaturas e tem dominado os animais selvagens, os pássaros, os animais que se arrastam pelo chão e os peixes. ⁸ Mas ninguém ainda foi capaz de dominar a língua. Ela é má, cheia de veneno mortal, e ninguém a pode controlar. ⁹ Usamos a língua tanto para agradecer ao Senhor e Pai como para amaldiçoar as pessoas, que foram criadas parecidas com Deus. ¹⁰ Da mesma boca saem palavras tanto de agradecimento como de maldição. Meus irmãos, isso não deve ser assim. ¹¹ Por acaso pode a mesma fonte jorrar água doce e água amarga? ¹² Meus irmãos, por acaso pode uma figueira dar azeitonas ou um pé de uva dar figos? Assim, também, uma fonte de água salgada não pode dar água doce. ¹³ Existe entre vocês alguém que seja sábio e inteligente? Pois então que prove isso pelo seu bom comportamento e pelas suas ações, praticadas com humildade e sabedoria. ¹⁴ Mas, se no coração de vocês existe inveja, amargura e egoísmo, então não mintam contra a verdade, gabando-se de serem sábios. ¹⁵ Essa espécie de sabedoria não vem do céu; ela é deste mundo, é da nossa natureza humana e é diabólica. ¹⁶ Pois, onde há inveja e egoísmo, há também confusão e todo tipo de coisas más. ¹⁷ A sabedoria que vem do céu é antes de tudo pura; e é também pacífica, bondosa e amigável. Ela é cheia de misericórdia, produz uma colheita de boas ações, não trata os outros pela sua aparência e é livre de fingimento. ¹⁸ Pois a bondade é a colheita produzida pelas sementes que foram plantadas pelos que trabalham em favor da paz.

EXAMINE ›

Leia o livro de 1 Coríntios 3:1-9 e veja como a inveja pode afetar o nosso crescimento espiritual e nossos relacionamentos dentro da igreja.

CONSIDERE ›

Quais são alguns sinais de que você sente inveja? De que maneira Deus e Sua Palavra podem ajudá-lo a tratar da inveja que você está vivendo?

DIA 31 >>>>>>>>>>

SATISFAÇÃO VERDADEIRA

Não estou dizendo isso por me sentir abandonado, pois aprendi a estar satisfeito com o que tenho. (Filipenses 4:11)

Gore Vidal disse certa vez: "Sempre que um amigo tem êxito, morre algo dentro de mim". As palavras são tristes, pois a vida envolta em inveja deixa pouco espaço para a alegria. Mas esta frase as vezes não reflete nossos próprios sentimentos?

Quem sonha em se casar conhece bem o sentimento quando outra pessoa fica noiva. Casais sem filhos sentem uma pontada de dor quando outra gravidez é anunciada. Cada pessoa doente que tem orado pela cura sente a confusão ao ouvir de outro testemunho milagroso de cura. Pensamos: *Por que eles e não eu, Deus?* Sussurramos enquanto vestimos nossos sorrisos e escondemos a nossa tristeza. O apóstolo Paulo nos diz para nos alegrarmos com os que se alegram (Romanos 12:15), mas quando outros tem o êxito que nos foi negado podemos sentir que algo em nós morreu.

Paulo disse: "aprendi a estar satisfeito com o que tenho" (Filipenses 4:11). Neste caso, ele falava sobre comida e finanças (v.12), mas podemos ler o que ele sentia de forma mais ampla. Paulo era solteiro (1 Coríntios 7:7), teve sua cura negada (2 Coríntios 12:7-9) e muitas vezes lhe faltava segurança, abrigo e sono (11:23-29). No entanto, ele dizia que suas fraquezas eram a sua força (12:10). Como?

Paulo revelou o seu segredo aos filipenses: "Com a força que Cristo me dá, posso enfrentar qualquer situação" (4:13). Ele enfrentou a doença, a falta de uma companheira, solidão e falta de sono pedindo tudo que ele precisava a Jesus que habitava dentro dele.

As pessoas mais contentes que eu conheço descobriram este segredo sozinhas. Seu prazer em Deus ofusca qualquer perda que já conheceram.

"Sempre que um amigo tem êxito," quero ser capaz de dizer, "um pouco de mim está vivo." Que os nossos vazios sejam preenchidos com Jesus hoje. —*Sheridan Voysey*

LEIA› Filipenses 4:10-13

¹⁰ Na minha vida em união com o Senhor, fiquei muito alegre porque vocês mostraram de novo o cuidado que têm por mim. Não quero dizer que vocês tivessem deixado de cuidar de mim; é que não tiveram oportunidade de mostrar esse cuidado. ¹¹ Não estou dizendo isso por me sentir abandonado, pois aprendi a estar satisfeito com o que tenho. ¹² Sei o que é estar necessitado e sei também o que é ter mais do que é preciso. Aprendi o segredo de me sentir contente em todo lugar e em qualquer situação, quer esteja alimentado ou com fome, quer tenha muito ou tenha pouco. ¹³ Com a força que Cristo me dá, posso enfrentar qualquer situação.

EXAMINE›

Leia a oração do apóstolo Paulo por poder no livro de Efésios 3:14-21.

Leia-a devagar como sua própria oração, sabendo que a resposta de Deus a ela é "Sim".

CONSIDERE›

Quando você experimentou tristeza ou inveja pelo sucesso do outro? O que você vai pedir a Jesus enquanto procura preencher o seu vazio com Ele?

DIA 32 ⟫⟫⟫⟫⟫⟫⟫⟫⟫⟫

PALAVRAS QUE EDIFICAM

Trabalhem para o bem da cidade...
(Jeremias 29:7)

Tom Shadyac, diretor dos filmes: *Todo Poderoso* (2003), *Ace ventura — um detetive diferente* (1994), *O mentiroso* (1997), e *Patch Adams — o amor é contagioso* (1998), adquiriu uma antiga igreja em minha cidade natal e a transformou num abrigo para as pessoas sem-teto. Quando lhe perguntei sobre o impulso para criar o abrigo, Shadyac contou-me que nos anos de faculdade ele não entendia como, naquela época mesmo muitos trabalhadores da universidade lutavam para pagar suas contas. Mas quando ele voltou lá anos mais tarde para uma filmagem naquele local, disse: "Acordei para tudo isso", e se sentiu obrigado a trabalhar para o bem da cidade.

O profeta Jeremias viveu durante um dos períodos mais difíceis de Israel. O povo de Deus tinha sido capturado e estava sendo levado como escravos para a Babilônia. Jeremias deu-lhes as instruções de Deus para os dias difíceis que viriam. O que pensa que deveria ter sido a mensagem divina? O que o povo de Deus devia fazer numa terra pagã, sob o domínio de opressores cruéis? Entrar em greve? Iniciar uma guerrilha? Pelo contrário, o profeta disse-lhes: "Trabalhem para o bem da cidade" (Jeremias 29:7). Eles estavam trabalhando para o bem da Babilônia.

Eles não estavam apenas trabalhando para a Babilônia, mas também orando por ela. Ainda mais, eles estavam trabalhando e vivendo como se o seu próprio bem-estar estivesse junto com o de seus conquistadores, porque estava mesmo. Deus diz por meio de Jeremias: "Orem a mim, pedindo em favor dela, pois, se ela estiver bem, vocês também estarão" (v.7).

Deus chama o Seu povo, onde quer que nos encontremos, a amar, abençoar e orar pela cidade onde Deus nos colocou. Ele está à procura de pessoas que busquem a paz de suas casas — suas cidades. —*Winn Collier*

LEIA › Jeremias 29:1-7

¹ *Eu escrevi uma carta aos judeus que Nabucodonosor havia levado como prisioneiros de Jerusalém para a Babilônia: autoridades, sacerdotes, profetas e todo o povo.* ² *Isso aconteceu depois de terem saído de Jerusalém o rei Joaquim, a sua mãe, os oficiais do palácio, as autoridades de Judá e de Jerusalém, os carpinteiros e os outros operários especializados.* ³ *O rei Zedequias, de Judá, mandou que Elasa, filho de Safã, e Gemarias, filho de Hilquias, levassem a carta ao rei Nabucodonosor, da Babilônia. Ela dizia:* ⁴*"O Senhor Todo-Poderoso, o Deus de Israel, diz o seguinte a todos os judeus que ele deixou Nabucodonosor levar como prisioneiros de Jerusalém para a Babilônia:* ⁵ *'Construam casas e morem nelas. Plantem árvores frutíferas e comam as suas frutas.* ⁶ *Casem e tenham filhos. E que os filhos casem e também tenham filhos. Vocês devem aumentar em número e não diminuir.* ⁷ *Trabalhem para o bem da cidade para onde eu os mandei como prisioneiros. Orem a mim, pedindo em favor dela, pois, se ela estiver bem, vocês também estarão.*

EXAMINE ›

Releia o livro de Jeremias 29:1-7 e observe o uso da palavra exílio. O que ela significa para você? O que significa estar no exílio num lugar e ao mesmo tempo viver e trabalhar para o bem dele?

CONSIDERE ›

O que você identifica como sua cidade, seu bairro, sua casa? De que maneira Deus faz você buscar a paz e prosperidade dela?

DIA 33

AMOR E TRISTEZA

Jesus chorou.
(João 11:35)

No filme *Harry Potter e as Relíquias da Morte* (2010), o personagem Dobby, um elfo doméstico, que Potter certa vez ajudou a libertar de seus mestres cruéis, morre no resgate feito por Harry Potter e seus companheiros. A morte de Dobby o deixa atordoado e sem palavras. Apenas a sua amiga Luna é capaz de colocar em palavras a profunda perda que Harry e os outros sentiram: "Muito obrigado, Dobby. É tão injusto que você tivesse que morrer, você que foi tão bom e corajoso."

Com o coração partido, Harry cava a sepultura de Dobby. A tristeza consome sua alma a tal ponto que ele mantém Voldemort, que era o vilão, longe de intrometer-se em seus pensamentos. Na versão do livro, a autora deixa claro que era o "amor" de Harry por Dobby que ocupava seu coração e mente.

Aqueles que assistiram Jesus chorar no túmulo de Seu querido amigo Lázaro também testemunharam uma conexão entre tristeza e amor. Após Jesus chegar ao lugar onde Lazaro foi enterrado, Ele "chorou" (João 11:35). Jesus estava profundamente triste mesmo sabendo que Ele levantaria o Seu bom amigo da morte minutos depois (vv.43-44). As pessoas vendo Jesus na agonia do luto disseram uns aos outros: "—Vejam como ele amava Lázaro!" (v.36).

Em meio a nossa própria perda, o luto é uma expressão de amor que temos por outra pessoa. Para colocá-lo de outra forma, somente quem amou pode realmente sofrer o luto. Esta é uma verdade amarga que as vezes nos esquecemos.

Felizmente, como cristãos, não nos afligimos como pessoas que não tem esperança (1 Tessalonicenses 4:13). A luz da morte e ressurreição de Jesus sofremos, mas com a esperança de um dia reencontrar aqueles que amamos e "que morreram crendo nele" (v.14). —*Jeff Olson*

LEIA › João 11:1-5,14-15,20-23,32-36,40-44

¹ *Um homem chamado Lázaro estava doente. Ele era do povoado de Betânia, onde Maria e a sua irmã Marta moravam.* ² *(Esta Maria era a mesma que pôs perfume nos pés do Senhor Jesus e os enxugou com os seus cabelos. Era o irmão dela, Lázaro, que estava doente.)* ³ *As duas irmãs mandaram dizer a Jesus: — Senhor, o seu querido amigo Lázaro está doente!* ⁴ *Quando Jesus recebeu a notícia, disse: — O resultado final dessa doença não será a morte de Lázaro. Isso está acontecendo para que Deus revele o seu poder glorioso; e assim, por causa dessa doença, a natureza divina do Filho de Deus será revelada.* ⁵ *Jesus amava muito Marta, e a sua irmã, e também Lázaro. [...]* ¹⁴ *Então Jesus disse claramente: — Lázaro morreu,* ¹⁵ *mas eu estou alegre por não ter estado lá com ele, pois assim vocês vão crer. Vamos até a casa dele. [...]* ²⁰ *Quando Marta soube que Jesus estava chegando, foi encontrar-se com ele. Porém Maria ficou sentada em casa.* ²¹ *Então Marta disse a Jesus: — Se o senhor estivesse aqui, o meu irmão não teria morrido!* ²² *Mas eu sei que, mesmo assim, Deus lhe dará tudo o que o senhor pedir a ele.* ²³ *— O seu irmão vai ressuscitar! — disse Jesus. [...]* ³² *Maria chegou ao lugar onde Jesus estava e logo que o viu caiu aos pés dele e disse: — Se o senhor tivesse estado aqui, o meu irmão não teria morrido!* ³³ *Jesus viu Maria chorando e viu as pessoas que estavam com ela chorando também. Então ficou muito comovido e aflito* ³⁴*e perguntou: — Onde foi que vocês o sepultaram? — Venha ver, senhor! — responderam.* ³⁵ *Jesus chorou.* ³⁶ *Então as pessoas disseram: — Vejam como ele amava Lázaro! [...]* ⁴⁰ *Jesus respondeu: — Eu não lhe disse que, se você crer, você verá a revelação do poder glorioso de Deus?* ⁴¹ *Então tiraram a pedra. Jesus olhou para o céu e disse: — Pai, eu te agradeço porque me ouviste.* ⁴² *Eu sei que sempre me ouves; mas eu estou dizendo isso por causa de toda esta gente que está aqui, para que eles creiam que tu me enviaste.* ⁴³ *Depois de dizer isso, gritou: — Lázaro, venha para fora!* ⁴⁴ *E o morto saiu. Os seus pés e as suas mãos estavam enfaixados com tiras de pano, e o seu rosto estava enrolado com um pano. Então Jesus disse: — Desenrolem as faixas e deixem que ele vá.*

EXAMINE ›

Confira a relação entre tristeza e amor vista na vida do rei Davi (2 Samuel 18:33).

CONSIDERE ›

Como o amor de Deus o ajudou na perda de alguém que você amava? Qual é a sua esperança no futuro, mesmo que você sinta as dores da tristeza?

DIA 34

ARTISTA DA TERRA

*Ó Senhor, tu tens feito tantas coisas
e foi com sabedoria que as fizeste.
A terra está cheia das tuas criaturas.*
(Salmo 104:24)

A historiadora de arte Janine Burke diz em seu livro *Source* (Manancial, inédito), que alguns artistas mais celebres do mundo desenvolveram suas obras ao se retirarem para a natureza. Monet pintou *Waterlily* após se mudar para sua casa-jardim. Picasso foi mais criativo quando estava em Cote d'Azur, França. As pinturas abstratas de Jackson Pollock são inspiradas nas paisagens de Long Island. O mar tornou-se tema para Ernest Hemingway, após ele mudar-se para a Flórida.

Janine também relata que muitos desses artistas eram animistas ou panteístas. Sobrecarregados pela beleza de suas localidades, eles acreditavam que a terra era sagrada e digna de adoração.

Os artistas não são os únicos a olhar para a criação e ver algo divino. "Desde que Deus criou o mundo, as suas qualidades invisíveis, isto é, o seu poder eterno e a sua natureza divina, tem sido vistas claramente. Os seres humanos podem ver tudo isso nas coisas que Deus tem feito e, portanto, eles não têm desculpa nenhuma" (Romanos 1:20). "O céu anuncia a glória de Deus" (Salmo 19:1,2). A própria natureza fala dele (vv.3,4).

A visão cristã do mundo, no entanto, dá um passo significativo além do panteísmo. A criação não é Deus, mas revela um Criador, que é mais fantástico ainda.

Um antigo poeta hebreu capturou bem esta ideia. Após uma pesquisa de tirar o folego sobre as belezas da Terra, ele diz: "Ó Senhor, tu tens feito tantas coisas e foi com sabedoria que as fizeste" (Salmo 104:24). Outro poeta convocou estes mesmos vales, riachos, animais e árvores — a se curvarem e adorarem o Criador (Salmo 148).

A maior obra de arte pode revelar apenas uma fração do gênio de um artista. Isto também vale para o mundo. Por que curvar-se a arte da terra, quando o Artista por trás dela é muito maior? —*Sheridan Voysey*

LEIA › Salmo 104:1-2,19-24,30-35

¹ *Ó Senhor Deus, que todo o meu ser te louve! Ó Senhor, meu Deus, como és grandioso! Estás vestido de majestade e de glória* ² *e te cobres de luz. Estendes os céus como se fossem uma barraca* ³ *e constróis a tua casa sobre as águas lá de cima. Usas as nuvens como o teu carro de guerra e voas nas asas do vento. [...]* ¹⁹ *Tu fizeste a lua para marcar os meses; o sol sabe a hora de se pôr.* ²⁰ *Tu fizeste a noite, e todos os animais selvagens saem quando escurece.* ²¹ *Os leões novos rugem enquanto caçam, procurando a comida que Deus dá.* ²² *Porém, quando o sol aparece, eles voltam e vão se deitar nas suas covas.* ²³ *Então as pessoas saem para o serviço e trabalham até a tarde.* ²⁴ *Ó Senhor, tu tens feito tantas coisas e foi com sabedoria que as fizeste. A terra está cheia das tuas criaturas. [...]* ³⁰ *Porém, quando lhes dás o sopro de vida, eles nascem; e assim dás vida nova à terra.* ³¹ *Que a glória de Deus, o Senhor, dure para sempre! Que ele se alegre com aquilo que fez!* ³² *O Senhor olha para a terra, e ela treme; toca nas montanhas, e elas soltam fumaça.* ³³ *Cantarei louvores ao Senhor enquanto eu viver; cantarei ao meu Deus a vida inteira.* ³⁴ *Que o Senhor fique contente com a minha canção, pois é dele que vem a minha alegria!* ³⁵ *Que desapareçam da terra aqueles que não querem saber de Deus, e que os maus deixem de existir! Que todo o meu ser te louve, ó Senhor Deus! Aleluia!*

EXAMINE ›

Leia o livro de Salmo 148 e perceba o quanto o mundo é convocado a louvar o grande Artista.

Nada ficou de fora, o que ressalta a Sua significância.

CONSIDERE ›

A visão bíblica de Deus e maior do que a panteísta que diz que o próprio mundo e divino? Se você e artista, o seu trabalho destaca o maior dos Artistas?

DIA 35

UM CORAÇÃO RETO

Ó Deus bondoso, perdoa todos os que com todo o coração te adoram a ti, o Senhor, o Deus dos nossos antepassados. Perdoa-os, ó Senhor, ainda que eles não se tenham purificado de acordo com a lei do Templo. (2 Crônicas 30:18-19)

Como cresci em um lar de músicos, comecei a escrever músicas muito cedo. Algumas levaram meses, até anos, para serem compostas. Outras se formaram em minutos, com a letra saltando da página. Um dia, depois de contemplar o que Deus realmente quer de nós na adoração, tive a experiencia de ter um desses momentos "música instantânea" (só precisava acrescentar a melodia) à medida que essa letra fluía da minha caneta: *É no coração, não na voz. É por amor, e não por escolha.*

Esse trecho da música capta o que o rei de Judá, Ezequias, vivia no livro de 2 Crônicas 30. O rei anterior, Acaz, cometia grandes transgressões (28:22), mas Ezequias reabriu o templo, assim como o povo que reabria seu coração a Deus (29:3).

Depois de estabelecer o "ministério" (v.35), o bom rei preparou seu povo para comemorar a Páscoa. Na verdade, ele convidou o povo de Israel (ao norte) para se unir a eles nas festividades (30:1). Mas surgiu uma questão que ameaçava esse festival sagrado de adoração a Deus: se Ezequias e todo o povo deviam celebrar a Páscoa nas datas estabelecidas, os sacerdotes não estariam preparados a tempo e nem todas as pessoas conseguiriam chegar a Jerusalém (v.3).

O que fazer, então? O monarca adiou a Páscoa em um mês. Mesmo com essa alteração inédita, algumas pessoas chegaram tarde e não estavam adequadamente purificadas para a cerimônia (v.18). De qualquer forma, foi-lhes permitido participar ao se perceber que tinham vindo com um coração que indicava o seu desejo de adorar o Senhor (v.19).

Ezequias revelou um aspecto importante da adoração a Deus: é mais importante ter um coração e atitude corretos do que simplesmente seguir os movimentos em uma determinada direção ou tempo. Adoremos a Deus com o coração realmente dedicado hoje. —*Tom Felten*

LEIA › 2 Crônicas 30:1-3,6-8,12-13,17-21

¹ *Depois disso, o rei Ezequias enviou mensageiros por toda a terra de Israel e de Judá e mandou cartas para o povo das tribos de Efraim e de Manassés, convidando todos para virem ao Templo em Jerusalém a fim de comemorar a Festa da Páscoa em honra do S*ENHOR*, o Deus de Israel.* ² *O rei, as altas autoridades e os moradores de Jerusalém tinham concordado em comemorar essa festa no segundo mês do ano* ³ *porque não tinham podido fazê-lo no tempo marcado, isto é, no primeiro mês. Isso porque os sacerdotes que se haviam purificado eram poucos, e o povo não se havia reunido em Jerusalém. [...]* ⁶ *Os mensageiros obedeceram à ordem do rei e levaram as cartas do rei e também as cartas das altas autoridades por toda a terra de Israel e de Judá. Elas diziam assim: "Povo de Israel, voltem para o S*ENHOR*, o Deus de Abraão, de Isaque e de Jacó, e assim ele voltará para vocês que escaparam do poder dos reis da Assíria.* ⁷ *Não sejam como os seus antepassados e como os seus patrícios, que foram infiéis ao S*ENHOR*, o Deus dos nossos antepassados. Foi por isso que ele os destruiu, como vocês estão vendo.* ⁸ *Não sejam teimosos como os seus antepassados, mas sejam obedientes ao S*ENHOR*. Venham ao Templo, que ele separou para a sua adoração para sempre, e adorem a Deus a fim de que ele pare de ficar irado com vocês. [...]* ¹² *E em Judá Deus fez com que todo o povo cumprisse o que o rei e as altas autoridades tinham ordenado, obedecendo à ordem de Deus, o S*ENHOR*.* ¹³ *Portanto, no segundo mês do ano, muitas pessoas foram até Jerusalém para comemorar a Festa dos Pães sem Fermento. Era uma multidão enorme. [...]* ¹⁷ *Havia ali muitas pessoas que estavam impuras, e por isso os levitas precisaram matar os carneiros que essas pessoas ofereciam, a fim de dedicá-los a Deus, o S*ENHOR*.* ¹⁸ *Pois muitas pessoas das tribos de Efraim, de Manassés, de Issacar e de Zebulom haviam comido o jantar da Páscoa sem terem se purificado, como manda a Lei de Deus. Mas Ezequias orou em favor delas, dizendo: — Ó Deus bondoso, perdoa todos* ¹⁹ *os que com todo o coração te adoram a ti, o S*ENHOR*, o Deus dos nossos antepassados. Perdoa-os, ó S*ENHOR*, ainda que eles não se tenham purificado de acordo com a lei do Templo.* ²⁰ *O S*ENHOR *Deus atendeu o pedido de Ezequias e perdoou o povo.* ²¹ *Durante sete dias, todos os israelitas que estavam em Jerusalém comemoraram com grande alegria a Festa dos Pães sem Fermento. Todos os dias os sacerdotes e os levitas louvaram a Deus, tocando bem alto os instrumentos musicais sagrados.*

EXAMINE ›

Leia o livro de 1 Coríntios 11:27-32 e pondere sobre o que Paulo nos ensina a respeito de examinarmos o nosso coração antes de adorar a Deus.

CONSIDERE ›

Você se esforçará para mostrar a Deus um coração de adorador hoje? Por que nossa atitude na adoração é mais importante do que a nossa ação?

DIA 36
BÊNÇÃO ON-LINE

Os olhos são como uma luz para o corpo: quando os olhos de vocês são bons, todo o seu corpo fica cheio de luz. Porém, se os seus olhos forem maus, o seu corpo ficará cheio de escuridão...
(Mateus 6:19-22-23)

Se você estiver lendo um devocional *on-line*, em poucos minutos você pode ir para outros sites. Quando o fizer, preste atenção ao que prende a sua atenção. Que imagens e palavras o fazem parar por um segundo. Em que links você clica e por quê?

Quando Jesus disse que o olho é como uma luz para o corpo (Mateus 6:22), Ele se referia a antiga crença de que o olho tinha uma chama interna. A luz procede- dos olhos, interage com a luz emitida do objeto em foco e então volta através do olho e penetra no coração.

Você se torna parecido com aquilo que atrai sua atenção. Se seu olho for bom, único ou simples, seu compromisso com a pureza e verdade irão fluir por todo seu corpo com luz (vv.22,23). Mas se você jogar nos dois times — se deixar envolver por fotos provocativas, rumores ou sarcasmo, então todo seu corpo será envolvido em trevas. O mundo virtual pode causar dano a sua alma. O que na internet faz seu olho brilhar?

Os anunciantes usam o sexo, fofocas e a ambição para criar sites "grudentos" dos quais é difícil sair. Um olho mal irá racionalizar permanecendo ali. Você sabe que não vale a pena clicar naquela história picante, mas diz a si mesmo que não vai fazer mal desta vez. E assim desperta o apetite da luxúria, e daí para frente cada vez que se conectar vai esperar olhar furtivamente algo novo, e logo sua alma enfraquecida abrigará segredos obscuros e vergonhosos.

Muitos sites enriquecem atraindo pessoas à sua destruição, então a coisa mais perigosa que você pode fazer é navegar na internet negligentemente. Leve Jesus consigo para o mundo virtual. Quando for possível, use a web na frente dos outros. E lembre-se de que aquilo que faz seu olho brilhar também pode mudar você. —*Mike Wittmer*

LEIA› Mateus 6:19-34

¹⁹ — Não ajuntem riquezas aqui na terra, onde as traças e a ferrugem destroem, e onde os ladrões arrombam e roubam. ²⁰ Pelo contrário, ajuntem riquezas no céu, onde as traças e a ferrugem não podem destruí-las, e os ladrões não podem arrombar e roubá-las. ²¹ Pois onde estiverem as suas riquezas, aí estará o coração de vocês. ²² — Os olhos são como uma luz para o corpo: quando os olhos de vocês são bons, todo o seu corpo fica cheio de luz. ²³ Porém, se os seus olhos forem maus, o seu corpo ficará cheio de escuridão. Assim, se a luz que está em você virar escuridão, como será terrível essa escuridão! ²⁴ — Um escravo não pode servir a dois donos ao mesmo tempo, pois vai rejeitar um e preferir o outro; ou será fiel a um e desprezará o outro. Vocês não podem servir a Deus e também servir ao dinheiro. ²⁵ — Por isso eu digo a vocês: não se preocupem com a comida e com a bebida que precisam para viver nem com a roupa que precisam para se vestir. Afinal, será que a vida não é mais importante do que a comida? E será que o corpo não é mais importante do que as roupas? ²⁶ Vejam os passarinhos que voam pelo céu: eles não semeiam, não colhem, nem guardam comida em depósitos. No entanto, o Pai de vocês, que está no céu, dá de comer a eles. Será que vocês não valem muito mais do que os passarinhos? ²⁷ E nenhum de vocês pode encompridar a sua vida, por mais que se preocupe com isso. ²⁸ — E por que vocês se preocupam com roupas? Vejam como crescem as flores do campo: elas não trabalham, nem fazem roupas para si mesmas. ²⁹ Mas eu afirmo a vocês que nem mesmo Salomão, sendo tão rico, usava roupas tão bonitas como essas flores. ³⁰ É Deus quem veste a erva do campo, que hoje dá flor e amanhã desaparece, queimada no forno. Então é claro que ele vestirá também vocês, que têm uma fé tão pequena! ³¹ Portanto, não fiquem preocupados, perguntando: "Onde é que vamos arranjar comida?" ou "Onde é que vamos arranjar bebida?" ou "Onde é que vamos arranjar roupas?" ³² Pois os pagãos é que estão sempre procurando essas coisas. O Pai de vocês, que está no céu, sabe que vocês precisam de tudo isso. ³³ Portanto, ponham em primeiro lugar na sua vida o Reino de Deus e aquilo que Deus quer, e ele lhes dará todas essas coisas. ³⁴ Por isso, não fiquem preocupados com o dia de amanhã, pois o dia de amanhã trará as suas próprias preocupações. Para cada dia bastam as suas próprias dificuldades.

EXAMINE›

Que lições extraídas do livro de Provérbios 7 podem ser aplicadas ao uso da internet?

CONSIDERE›

Há algum site que você deveria parar de visitar? No geral, passar tempo na internet ajuda ou atrapalha sua vida cristã? Por quê?

DIA 37 〉〉〉〉〉〉〉〉〉〉

MIL PALAVRAS

Não se enganem; não sejam apenas ouvintes dessa mensagem, mas a ponham em prática.
(Tiago 1:22)

Em uma tirinha, um digitador pergunta a um artista: "Por que uma imagem vale mil palavras?". Ele responde: "Você digita rápido?". "Cerca de 25 palavras por minuto," respondeu o digitador. "E isso! Quando eu terminar meu desenho daqui a 40 minutos, você terá digitado mil palavras". É engraçado, mas (obviamente) não explica o adágio. O que ele quer dizer mesmo é que a ideia de um conceito complicado pode ser transmitida por uma única imagem inanimada.

A Bíblia se utiliza de várias representações para ilustrar essa sabedoria: lâmpada/luz (Salmo 119:105); martelo e fogo (Jeremias 23:29); espada (Hebreus 4:12); prata e ouro (Salmo 119:72); alimento (Jó 23:12); e leite (1 Pedro 2:2).

Tiago usou três metáforas para descrever o que a Palavra de Deus é e faz. Primeiro, e a "palavra da verdade" (Tiago 1:18), repetindo o que Jesus ensinara anteriormente: "a tua mensagem é a verdade" (João 17:17). Provavelmente refletindo sobre a parábola do semeador (Lucas 8:5-15), ele falou sobre a "mensagem que Deus planta no coração" (v.21; Lucas 8:11). E por último, comparou-a a um "espelho" (Tiago 1:23).

Também usou três metáforas para descrever o papel da Bíblia em nossa salvação. Usando uma imagem da natureza, disse que a Palavra de Deus "nos gerou" (v.18). Nossa vida nova e eterna "pela viva e eterna palavra de Deus" (1 Pedro 1:23). Do mundo da agricultura, a palavra implantada "a qual pode salvá-los" (Tiago 1:21). Deus cumpriu Sua promessa de gravá-la em nosso coração (Jeremias 31:33). E relacionado a estética, é um espelho que nos mostra quem somos, capacitando-nos a corrigir os erros que revela (Tiago 1:23-25).

A Palavra de Deus nos concede vida nova e nos ajuda a vivê-la. Mas teremos que praticar o que ela diz (vv.22,25). —*K. T. Sim*

LEIA › Tiago 1:18-25

¹⁸ *Pela sua própria vontade ele fez com que nós nascêssemos, por meio da palavra da verdade, a fim de ocuparmos o primeiro lugar entre todas as suas criaturas.* ¹⁹ *Lembrem disto, meus queridos irmãos: cada um esteja pronto para ouvir, mas demore para falar e ficar com raiva.* ²⁰ *Porque a raiva humana não produz o que Deus aprova.* ²¹ *Portanto, deixem todo costume imoral e toda má conduta. Aceitem com humildade a mensagem que Deus planta no coração de vocês, a qual pode salvá-los.* ²² *Não se enganem; não sejam apenas ouvintes dessa mensagem, mas a ponham em prática.* ²³ *Porque aquele que ouve a mensagem e não a põe em prática é como uma pessoa que olha no espelho e vê como é.* ²⁴ *Dá uma boa olhada, depois vai embora e logo esquece a sua aparência.* ²⁵ *O evangelho é a lei perfeita que dá liberdade às pessoas. Se alguém examina bem essa lei e não a esquece, mas a põe em prática, Deus vai abençoar tudo o que essa pessoa fizer.*

EXAMINE ›

O que as comparações: lâmpada/luz (Salmo 119:105); martelo e fogo (Jeremias 23:29); espada (Hebreus 4:12); prata e ouro (Salmo 119:72); alimento (Jó 23:12); e leite (1 Pedro 2:2) falam sobre a Bíblia?

CONSIDERE ›

O que a Palavra de Deus revela a você hoje?

DIA 38 〉〉〉〉〉〉〉〉〉〉
MÚSICA *SOUL*

Ó Senhor Deus, que todo o meu ser te louve! Que eu louve o Santo Deus com todas as minhas forças! Que todo o meu ser louve o Senhor, e que eu não esqueça nenhuma das suas bênçãos! (Salmo 103:1-2)

Música *soul* é um ótimo termo, adotado para descrever a música popular negra dos Estados Unidos desde os anos 1950. O estilo é influenciado pela música gospel. É conhecida pela intimidade, paixão, intensidade, sons rítmicos e raízes espirituais. Em essência, é uma expressão da alma. Creio que Davi tinha isso em mente ao escrever o Salmo 103, uma balada profundamente emocional que levou o povo de Deus ao aprazível lugar de sincera expressão de adoração ao Senhor.

Davi começou seu canto emocional com "Ó Senhor Deus, que todo o meu ser te louve!" (v.1). A frase era uma expressão de íntimo relacionamento entre Davi e Jeová, o Deus das alianças e promessas de Israel. A sua música soul era uma expressão *íntima* de amor e gratidão ao Deus que o amou primeiro. E era *intensa*. Ele adorava o Senhor com o íntimo do seu ser, o que para ele era uma experiência física, emocional e espiritual.

Na adoração e no louvor do seu Deus, o salmista se entregava completamente. A música era intencional. Seu poder e paixão estavam em lembrar as bênçãos de Deus. Quando Davi pensava na provisão de Deus, não deixava de cantar e lhe dar louvores. A música *soul*, bíblica, começa em nosso coração e se expressa em nosso exterior. Se quisermos experimentar a caminhada íntima, intensa e intencional adoração de Deus precisamos nos aproximar dele. Isso acontece ao investirmos tempo falando com Ele e procurando escutá-lo. Entregue-se completamente. Sinta o prazer do favor, misericórdia e amor de Deus ao apresentar-lhe um sacrifício de louvor. —*Marvin Williams*

LEIA › Salmo 103:1-22

¹ *Ó Senhor Deus, que todo o meu ser te louve! Que eu louve o Santo Deus com todas as minhas forças!* ² *Que todo o meu ser louve o Senhor, e que eu não esqueça nenhuma das suas bênçãos!* ³ *Ó Senhor perdoa todos os meus pecados e cura todas as minhas doenças;* ⁴ *ele me salva da morte e me abençoa com amor e bondade.* ⁵ *Ele enche a minha vida com muitas coisas boas, e assim eu continuo jovem e forte como a águia.* ⁶ *O Senhor Deus julga a favor dos oprimidos e garante os seus direitos.* ⁷ *Ele revelou os seus planos a Moisés e deixou que o povo de Israel visse os seus feitos poderosos.* ⁸ *O Senhor é bondoso e misericordioso, não fica irado facilmente e é muito amoroso.* ⁹ *Ele não vive nos repreendendo, e a sua ira não dura para sempre.* ¹⁰ *O Senhor não nos castiga como merecemos, nem nos paga de acordo com os nossos pecados e maldades.* ¹¹ *Assim como é grande a distância entre o céu e a terra, assim é grande o seu amor por aqueles que o temem.* ¹² *Quanto o Oriente está longe do Ocidente, assim ele afasta de nós os nossos pecados.* ¹³ *Como um pai trata com bondade os seus filhos, assim o Senhor é bondoso para aqueles que o temem.* ¹⁴ *Pois ele sabe como somos feitos; lembra que somos pó.* ¹⁵ *A nossa vida é como a grama; cresce e floresce como a flor do campo.* ¹⁶ *Aí o vento sopra, a flor desaparece, e nunca mais ninguém a vê.* ¹⁷ *Mas o amor de Deus, o Senhor, por aqueles que o temem dura para sempre. A sua bondade permanece, passando de pais a filhos,* ¹⁸ *para aqueles que guardam a sua aliança e obedecem fielmente aos seus mandamentos.* ¹⁹ *O Senhor Deus colocou o seu trono bem firme no céu; ele é Rei e domina tudo.* ²⁰ *Louvem o Senhor, fortes e poderosos anjos, que ouvem o que ele diz, que obedecem aos seus mandamentos!* ²¹ *Louvem o Senhor, todos os anjos do céu, todos os seus servos, que fazem a sua vontade!* ²² *Louvem o Senhor, todas as suas criaturas, em todo lugar onde ele reina! Que todo o meu ser te louve, Ó Senhor!*

EXAMINE ›

"Todos vocês que obedecem a Deus, o Senhor, alegrem-se por causa daquilo que ele tem feito! Louvem a Deus, todas as pessoas honestas" (Salmo 33:1).

CONSIDERE ›

Como se tornar mais íntimo, intenso e intencional na adoração? Como você pode adorar a Deus de maneira prática, com todas as partes de sua vida?

DIA 39 〉〉〉〉〉〉〉〉〉〉

CEDO OU TARDE

Porque é de dentro, do coração, que vêm os maus pensamentos, a imoralidade sexual, os roubos, os crimes de morte, os adultérios [...] e faz com que as pessoas fiquem impuras. (Marcos 7:21-23)

Você já ouviu alguém contar como recebeu Jesus como Salvador e isso o deixou abismado? Você ouviu os incríveis detalhes, a espantosa profundeza de depravação de onde Deus tirou essa pessoa!

É provável que todos tenham experimentado os arrepios e as ondas de fortalecimento que os testemunhos poderosos para Jesus podem despertar. Mas, se você creu em Jesus quando criança, tais relatos podem fazê-lo pensar que a sua história de salvação é desinteressante, e que não vale a pena compartilhar. Não é verdade. Tenha você vindo a Cristo cedo ou tarde, essa história é linda de se contar. Deus realizou um milagre em sua vida. Jesus disse que, antes da salvação, seu coração estava cheio de iniquidade "...de dentro" (Marcos 7:21-23). Você estava literalmente "impuro" por dentro (v.23). Sua natureza pecaminosa estava presente ao nascer, não se instalou em você durante a jornada da vida (vv.15,18-20). Como o apóstolo Paulo escreveu, você entrou na terra "morto" em seus pecados (Efésios 2:5). E nós estávamos debaixo do poder do pecado (Romanos 3:9). No Salmo 53, o escritor afirma: "Não há mais ninguém que faça o que é direito..." (v.3).

Nada havia em nós que pudesse nos salvar. Deus, porém, nos buscou em misericórdia, e "...quando estávamos espiritualmente mortos por causa da nossa desobediência, ele nos trouxe para a vida que temos em união com Cristo" (Efésios 2:5). Portanto, se você pensa que sua experiência de salvação não tem poder, está enganado, pois a manchete seria assim: PESSOA MORTA VOLTA À VIDA! Ora, essa é uma história impressionante que todos precisam escutar. —*Tom Felten*

LEIA › Marcos 7:14-23

¹⁴ *Jesus chamou outra vez a multidão e disse: — Escutem todos o que eu vou dizer e entendam!* ¹⁵ *Tudo o que vem de fora e entra numa pessoa não faz com que ela fique impura, mas o que sai de dentro, isto é, do coração da pessoa, é que faz com que ela fique impura.* ¹⁶ *[Se vocês têm ouvidos para ouvir, então ouçam.]* ¹⁷ *Quando Jesus se afastou da multidão e entrou em casa, os seus discípulos lhe perguntaram o que queria dizer essa comparação.* ¹⁸ *Então ele disse: — Vocês são como os outros; não entendem nada! Aquilo que entra pela boca da pessoa não pode fazê-la ficar impura,* ¹⁹ *porque não vai para o coração, mas para o estômago, e depois sai do corpo. Com isso Jesus quis dizer que todos os tipos de alimento podem ser comidos.* ²⁰ *Ele continuou: — O que sai da pessoa é o que a faz ficar impura.* ²¹ *Porque é de dentro, do coração, que vêm os maus pensamentos, a imoralidade sexual, os roubos, os crimes de morte,* ²² *os adultérios, a avareza, as maldades, as mentiras, as imoralidades, a inveja, a calúnia, o orgulho e o falar e agir sem pensar nas consequências.* ²³ *Tudo isso vem de dentro e faz com que as pessoas fiquem impuras.*

EXAMINE ›

"Porém as Escrituras Sagradas afirmam que o mundo inteiro está dominado pelo pecado, e isso para que as pessoas que creem recebam o que Deus promete aos que têm fé em Jesus Cristo" (Gálatas 3:22).

CONSIDERE ›

O que você acha do poder da sua história de salvação? Como o fato de um dia você ter estado morto no pecado afeta o que você compartilha agora com outras pessoas?

DIA 40 >>>>>>>>>>>

QUEM SOU EU?

Quem dá a boca ao ser humano?
[...] Sou eu, Deus, o SENHOR.
(Êxodo 4:11)

Mencione o nome de Moisés, e as pessoas pensarão em liderança, força e nos Dez Mandamentos. Elas tendem a se esquecer do assassinato. Perdem de vista seus 40 anos como fugitivo. Deixam de lado seu problema com a ira e sua intensa relutância em dizer sim a Deus.

Moisés fugiu para o deserto por ter matado um homem que perseguia um hebreu como ele. Deve ter gostado de sua vida tranquila no Sinai, porque não quis deixá-la quando Deus apareceu com ordens para marchar (Êxodo 3:1-10). Ele inclusive teve uma longa discussão com Deus.

Moisés entrou no jogo de "-não sou bom o suficiente" perguntando a Deus: "Quem sou eu...?" (Êxodo 3:11). Deus não lhe respondeu essa pergunta. Nem prometeu livrar Moisés de tempos difíceis. Ele simplesmente disse, "Eu estarei com você" (v.12). E então disse a Moisés quem Ele era: "EU SOU QUEM SOU" (v.14).

É saudável termos o senso de nossa inadequação. Se, porém, usarmos isso como desculpa para evitar que Deus nos use, nós o insultamos. O que estamos dizendo, na verdade, é que Deus não é bom o suficiente.

Pediram a um amigo meu que deixasse seu trabalho e assumisse uma posição no ministério cristão. Ele queria fazer isso, pois tinha o desejo de fazer algo diferente, algo mais significativo. Essa oferta para participar numa equipe da igreja parecia adequar-se perfeitamente. E ele disse: "Não mereço isso, pois eles não me conhecem. Não sou bom o suficiente."

Ele está certo. Não é bom o suficiente. O que significa que chegou exatamente ao lugar onde Deus o queria. "O mundo está cheio de pessoas más", disse o pastor Mark Driscol, "e Jesus". Quando descobrimos isso, estamos no lugar exato onde Deus quer que estejamos. A pergunta não deveria ser, *Quem sou eu?* E sim, *Quem é Deus?* —Tim Gustafson

LEIA › Êxodo 4:8-17

⁸ *Então o S*ENHOR *lhe disse: — Se com o primeiro milagre os israelitas não acreditarem em você e não se convencerem, então com o segundo vão acreditar.* ⁹ *Mas, se com esses dois milagres ainda não crerem e não quiserem ouvir o que você disser, tire água do rio Nilo e derrame no chão, que ela virará sangue.* ¹⁰ *Moisés respondeu ao S*ENHOR*: — Ó Senhor, eu nunca tive facilidade para falar, nem antes nem agora, depois que começaste a falar comigo. Quando começo a falar, eu sempre me atrapalho.* ¹¹ *Porém o S*ENHOR *lhe disse: — Quem dá a boca ao ser humano? Quem faz com que ele seja surdo ou mudo? Quem lhe dá a vista ou faz com que fique cego? Sou eu, Deus, o S*ENHOR*.* ¹² *Agora vá, pois eu o ajudarei a falar e lhe direi o que deve dizer.* ¹³ *Aí Moisés pediu: — Não, Senhor. Por favor, manda outra pessoa.* ¹⁴ *Então o S*ENHOR *ficou irritado com Moisés e disse: — Por acaso Arão, o levita, não é seu irmão? Eu sei que ele tem facilidade para falar. Além disso, ele está vindo para se encontrar com você e vai ficar contente ao vê-lo.* ¹⁵ *Você falará com Arão e lhe dirá o que ele deve dizer. Eu os ajudarei a falar e direi o que vocês devem fazer.* ¹⁶ *Arão falará ao povo em seu lugar. Ele será o seu representante e falará ao povo por você. E você será como Deus para ele, explicando o que ele deve dizer.* ¹⁷ *Leve este bastão porque é com ele que você vai fazer os milagres.*

EXAMINE ›

"...ouvi o Senhor dizer: — Quem é que eu vou enviar? Quem será o nosso mensageiro?

Então respondi: — Aqui estou eu. Envia-me a mim!" (Isaías 6:8).

CONSIDERE ›

Onde Deus o chama para servi-lo? O que o impede de segui-lo?

DIA 41 »»»»»»»»

O PULSAR DO CORAÇÃO

...Quando o rapaz ainda estava longe de casa, o pai o avistou. E, com muita pena do filho, correu, e o abraçou, e beijou.
(Lucas 15:20)

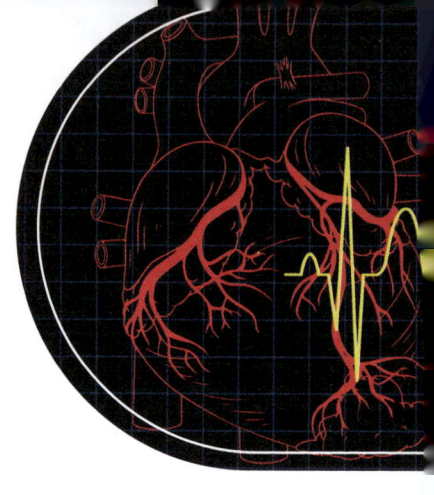

Se pudéssemos escutar as batidas do coração de Deus, o que ouviríamos? *Ho–mem, ho–mem, ho–mem*... Essa realidade maravilha anjos e mortais. O salmista pergunta, "...que é um simples ser humano para que penses nele? Que é um ser mortal para que te preocupes com ele?" (Salmo 8:4). E anjos observaram em santa admiração o desenrolar do plano da redenção para a humanidade (1 Pedro 1:12).

O amor de Deus pelas pessoas é surpreendente — especialmente se considerarmos que ajudar as pessoas é muitas vezes difícil, cansativo, e cheio de inquietações. As pessoas são instáveis — boas, uma hora, e más, em outra. Olhe para o rei Davi, para o apóstolo Pedro, para mim. Somos consistentemente inconsistentes!

No entanto, na Palavra de Deus encontramos histórias semelhantes às de Lucas 15:11-31. Veja o padrão:

- **O homem desobedece a Deus** — O filho mais novo desobedeceu ao pai. O filho mais velho aparentava obedecer ao seu pai, mas por dentro, estava descontente com ele (vv.13,29-30).
- **Deus inicia a reconciliação** — O pai saiu para encontrar os dois filhos (vv.20,28). Seu coração estava "com muita pena" (v.20). E ele se humilhou e insistiu (v.28) com o seu filho mais velho para se alegrar com ele na reunião familiar.
- **Duas reações** — O filho mais novo se arrependeu, enquanto o mais velho recusou-se a se alegrar com sua família a despeito dos pedidos de seu pai.

O amor de Deus pelas pessoas deveria ser exemplo nítido para nós. Ao compreendermos o pulsar de Seu coração, somos impulsionados a amar as outras pessoas. O apóstolo Paulo captou o coração de Deus e o ministério que Ele nos deu ao escrever: "Portanto, estamos aqui falando em nome de Cristo, como se o próprio Deus estivesse pedindo por meio de nós. [...] deixem que Deus os transforme de inimigos em amigos dele" (2 Coríntios 5:20). —*Poh Fang Chia*

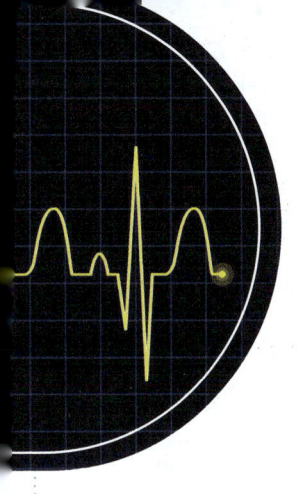

LEIA › Lucas 15:11-32

¹¹ *E Jesus disse ainda: — Um homem tinha dois filhos.* ¹² *Certo dia o mais moço disse ao pai: "Pai, quero que o senhor me dê agora a minha parte da herança." — E o pai repartiu os bens entre os dois.* ¹³ *Poucos dias depois, o filho mais moço ajuntou tudo o que era seu e partiu para um país que ficava muito longe. Ali viveu uma vida cheia de pecado e desperdiçou tudo o que tinha.* ¹⁴ *— O rapaz já havia gastado tudo, quando houve uma grande fome naquele país, e ele começou a passar necessidade.* ¹⁵ *Então procurou um dos moradores daquela terra e pediu ajuda. Este o mandou para a sua fazenda a fim de tratar dos porcos.* ¹⁶ *Ali, com fome, ele tinha vontade de comer o que os porcos comiam, mas ninguém lhe dava nada.* ¹⁷ *Caindo em si, ele pensou: "Quantos trabalhadores do meu pai têm comida de sobra, e eu estou aqui morrendo de fome!* ¹⁸ *Vou voltar para a casa do meu pai e dizer: 'Pai, pequei contra Deus e contra o senhor* ¹⁹ *e não mereço mais ser chamado de seu filho. Me aceite como um dos seus trabalhadores.'"* ²⁰ *Então saiu dali e voltou para a casa do pai. — Quando o rapaz ainda estava longe de casa, o pai o avistou. E, com muita pena do filho, correu, e o abraçou, e beijou.* ²¹ *E o filho disse: "Pai, pequei contra Deus e contra o senhor e não mereço mais ser chamado de seu filho!"* ²² *— Mas o pai ordenou aos empregados: "Depressa! Tragam a melhor roupa e vistam nele. Ponham um anel no dedo dele e sandálias nos seus pés.* ²³ *Também tragam e matem o bezerro gordo. Vamos começar a festejar* ²⁴ *porque este meu filho estava morto e viveu de novo; estava perdido e foi achado." — E começaram a festa. [...]* ²⁸ *— O filho mais velho ficou zangado e não quis entrar. Então o pai veio para fora e insistiu com ele para que entrasse.* ²⁹ *Mas ele respondeu: "Faz tantos anos que trabalho como um escravo para o senhor e nunca desobedeci a uma ordem sua. Mesmo assim o senhor nunca me deu nem ao menos um cabrito para eu fazer uma festa com os meus amigos.* ³⁰ *Porém esse seu filho desperdiçou tudo o que era do senhor, gastando dinheiro com prostitutas. E agora ele volta, e o senhor manda matar o bezerro gordo!"* ³¹ *— Então o pai respondeu: "Meu filho, você está sempre comigo, e tudo o que é meu é seu.* ³² *Mas era preciso fazer esta festa para mostrar a nossa alegria. Pois este seu irmão estava morto e viveu de novo; estava perdido e foi achado."*

EXAMINE ›

"O meu povo teima em se revoltar contra mim [...] o meu coração está comovido, e tenho muita compaixão de você" (Oseias 11:7-8).

CONSIDERE ›

Como você mostra o amor de Deus aos outros? De que maneiras você pode ser Seu embaixador de reconciliação?

DIA 42 >>>>>>>>>>>

PERMANECER SENTADOS

Não se juntem com descrentes
para trabalhar com eles.
(2 Coríntios 16:14)

O vagão do trem estava abarrotado de pessoas irritadas. Devíamos ter chegado à nossa estação há quatro horas, mas a máquina do trem estava parada numa cidade distante. Exasperado, meu marido e eu planejamos sair do trem, alugar um carro e dirigir o restante do caminho para casa. Queríamos fazer alguma coisa, que não significasse permanecer em nossos assentos e esperar.

A espera às vezes nos leva a tomar atitudes impulsivas — especialmente em questões de namoro e casamento. O perigo está em abaixarmos nossos padrões em vez de "permanecer sentados" e esperar pelo melhor que Deus tem para nós.

A advertência de Paulo pode evitar muito sofrimento se a aplicarmos ao namoro. Ele disse, "Não se juntem com descrentes para trabalhar com eles" (2 Coríntios 6:14).

Se você for como eu, talvez conheça pessoas muito boas que pensam que Jesus é só mais um dos caminhos para o céu. Deus nos chama, no entanto, dizendo "...Saiam do meio dos pagãos e separem-se deles" (v.17). Portanto, considerar o casamento com alguém que não conhece Jesus é sinal de que devemos definitivamente permanecer sentados.

Quando se trata de namoro, precisamos evitar os que se chamam de cristãos e agem como pessoas sem nenhuma consciência espiritual. Paulo nos advertiu para não nos envolvermos com "...ninguém que se diz irmão na fé, mas é imoral, ou avarento, ou adora ídolos, ou é bêbado, ou difamador, ou ladrão" (1 Coríntios 5:11). Por mais difícil que possa ser, precisamos evitar o envolvimento romântico com pessoas que não estão no caminho de Cristo.

Embora ninguém goste de esperar, vale a pena honrar os padrões de Deus para o casamento. Fazendo isso, você poderá saltar de seu assento e correr para o altar, se Deus o estiver conduzindo para lá. —*Jennifer Benson Schuldt*

LEIA › 2 Coríntios 6:14-17

¹⁴ Não se juntem com descrentes para trabalhar com eles. Pois como é que o certo pode ter alguma coisa a ver com o errado? Como é que a luz e a escuridão podem viver juntas? ¹⁵ Como podem Cristo e o Diabo estar de acordo? O que é que um cristão e um descrente têm em comum? ¹⁶ Que relação pode haver entre o Templo de Deus e os ídolos? Pois nós somos o templo do Deus vivo, como o próprio Deus já disse: "Eu vou morar e viver com eles. Serei o Deus deles, e eles serão o meu povo." ¹⁷ E o Senhor Todo-Poderoso diz: "Saiam do meio dos pagãos e separem-se deles. Não toquem em nada que seja impuro, e então eu aceitarei vocês.

EXAMINE ›

"Tenha cuidado com o que você pensa, pois a sua vida é dirigida pelos seus pensamentos" (Provérbios 4:23).

CONSIDERE ›

Se você é solteiro, que mudanças Deus está lhe pedindo em seus hábitos de namoro? Por que o casamento entre cristãos é importante? Se você é casado, que conselhos matrimoniais você pode dar aos solteiros?

DIA 43 >>>>>>>>>>>

SOU ACEITÁVEL, NÃO SOU?

Vejam como é grande o amor do Pai por nós! O seu amor é tão grande, que somos chamados de filhos de Deus e somos, de fato [...]. É por isso que o mundo não nos conhece, pois não conheceu a Deus. (1 João 3:1)

Estava viajando no ônibus certa manhã, quando uma mulher mais velha, usando um vestido florido desbotado, entrou mancando no ônibus e sentou-se ao meu lado. Viajamos por algum tempo em silêncio, até a senhora fazer algo muito extraordinário. Virou-se, esticando a cabeça em direção ao meu rosto, e com seus olhos castanhos saltando e seus dentes manchados à mostra gritou, "Sou aceitável, não sou?"

Dei um pulo.

"Bem, é claro que é", eu disse, mentindo.

"Algumas pessoas me acham um pouco estranha", ela replicou.

"Ora, por que pensariam isso?" perguntei. Ela disse que não sabia, e silenciou novamente. Após alguns minutos, cruzou o corredor e se sentou ao lado da outra única pessoa que estava no ônibus. Virou-se para ela e disse, "Sou aceitável, não sou?". Fiquei imaginando quantas vezes aquela pergunta seria feita aquele dia. Ela ansiava tão desesperadamente por afirmação, que a buscava de qualquer estranho que encontrasse em seu caminho.

Estou bem? Sou aceitável? Inspiro amor? Todos nós fazemos perguntas como essas. O evangelho diz a todos os que aceitam a Jesus, que aceitam o Seu sacrifício por seus pecados, que Ele lhes dará o direito de se tornarem filhos de Deus (João 1:12-13).

"Vejam como é grande o amor do Pai por nós", o apóstolo João exclama, "...somos chamados de filhos de Deus" (1 João 3:1). Você tem a mais completa identidade em Jesus. Deus o Pai o adotou (Efésios 1:5), deu-lhe Seu Espírito e o tornou um herdeiro de Sua herança (Gálatas 4:6). Você pode até ser ridicularizado e rejeitado, pode não ser muito aos olhos do mundo, porém Deus olha para você e diz: "Meu filho."

"Sou aceitável, não sou?" perguntamos apreensivos.

"Em mim, sim, você é", o Pai responde.

E Ele não está mentindo. —*Sheridan Voysey*

LEIA› 1 João 3:1-5

¹ *Vejam como é grande o amor do Pai por nós! O seu amor é tão grande, que somos chamados de filhos de Deus e somos, de fato, seus filhos. É por isso que o mundo não nos conhece, pois não conheceu a Deus.* ² *Meus amigos, agora nós somos filhos de Deus, mas ainda não sabemos o que vamos ser. Porém sabemos isto: quando Cristo aparecer, ficaremos parecidos com ele, pois o veremos como ele realmente é.* ³ *E todo aquele que tem essa esperança em Cristo purifica-se a si mesmo, assim como Cristo é puro.* ⁴ *Quem peca é culpado de quebrar a lei de Deus, porque o pecado é a quebra da lei.* ⁵*Vocês já sabem que Cristo veio para tirar os pecados e que ele não tem nenhum pecado.*

EXAMINE›

Romanos 8:15-16
Gálatas 4:4-7

CONSIDERE›

A que ponto você interage com Deus como seu Pai, que compartilha Sua herança com você? Enquanto cuida dos afazeres diários, como fará para se lembrar que é o filho querido de seu Pai?

DIA 44 〉〉〉〉〉〉〉〉〉〉

PONTO DE DEUS

Eu não o recebi de ninguém, e ninguém o ensinou a mim, mas foi o próprio Jesus Cristo que o revelou para mim.
(Gálatas 1:12)

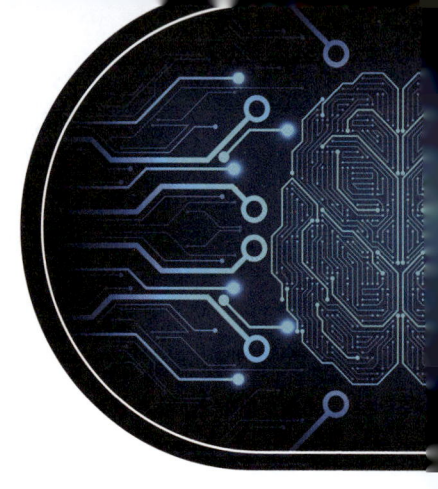

Recentemente, os cientistas anunciaram a identificação de pelo menos três "pontos de Deus" no cérebro humano. Eles creem que os mesmos segmentos em nossos lóbulos que nos permitem interpretar os estados de ânimo e as intenções das pessoas, nos ajudam a lidar com nossa "religiosidade". Isso nos faz pensar que os cientistas estão mais uma vez tentando minimizar a vida espiritual, como se esta fosse um fenômeno biológico (o cientista ateu Richard Dawkins crê que a religião é um vírus, passado de cérebro para cérebro).

O apóstolo Paulo não entendia nada sobre "pontos de Deus", mas sabia como reconhecer Deus trabalhando! No livro de Gálatas 1, reconheceu sua antiga vida de implacável perseguidor dos cristãos (v.13). Porém, algo incrível aconteceu. Através da intervenção divina, Paulo foi transformado de dentro para fora, ao receber Jesus como seu Salvador (vv.15-16).

A profunda mudança espiritual que Paulo experimentou foi obra do Espírito Santo (João 3:5). Paulo revelou mais tarde a origem de seus ensinos e escritos sobre Jesus, quando afirmou: "...Deus, por meio do Espírito, revelou o seu segredo. O Espírito Santo examina tudo, até mesmo os planos mais profundos e escondidos de Deus" (1 Coríntios 2:10). Em outro relato ele observou que os planos de Deus eram revelados a ele "por meio do seu Espírito" (Efésios 3:5).

"Pontos no cérebro" não podem explicar a extraordinária mudança que Deus fez em você e em mim. Somente a obra do Espírito pode explicar isso (João 14:16; 16:8).

Mesmo que muitos cientistas continuem a usar a pesquisa para reunir explicações naturais para nossa fé em Deus, a realidade da obra sobrenatural do Espírito Santo em nossa vida é prova de Sua existência. Quando "avistar" o Espírito agindo em você e em outras pessoas, anime-se! —*Tom Felten*

LEIA › Gálatas 1:11-24

¹¹ *Meus irmãos, eu afirmo a vocês que o evangelho que eu anuncio não é uma invenção humana.* ¹² *Eu não o recebi de ninguém, e ninguém o ensinou a mim, mas foi o próprio Jesus Cristo que o revelou para mim.* ¹³ *Vocês ouviram falar de como eu costumava agir quando praticava a religião dos judeus. Sabem como eu perseguia sem dó nem piedade a Igreja de Deus e fazia tudo para destruí-la.* ¹⁴ *Quando praticava essa religião, eu estava mais adiantado do que a maioria dos meus patrícios da minha idade e seguia com mais zelo do que eles as tradições dos meus antepassados.* ¹⁵ *Porém Deus, na sua graça, me escolheu antes mesmo de eu nascer e me chamou para servi-lo. E, quando ele resolveu* ¹⁶ *revelar para mim o seu Filho a fim de que eu anunciasse aos não judeus a boa notícia a respeito dele, eu não fui pedir conselhos a ninguém.* ¹⁷ *E também não fui até Jerusalém para falar com aqueles que eram apóstolos antes de mim. Pelo contrário, fui para a região da Arábia e depois voltei para Damasco.* ¹⁸ *Três anos depois, fui até Jerusalém para pedir informações a Pedro e fiquei duas semanas com ele.* ¹⁹ *E não falei com nenhum outro apóstolo, a não ser com Tiago, irmão do Senhor.* ²⁰ *O que estou escrevendo a vocês é verdade. Deus sabe que não estou mentindo.* ²¹ *Depois fui para as regiões da Síria e da Cilícia.* ²² *Durante esse tempo as pessoas das igrejas da Judeia não me conheciam pessoalmente.* ²³ *Elas somente tinham ouvido o que outros diziam: "Aquele que antes nos perseguia está anunciando agora a fé que no passado tentava destruir!"* ²⁴ *E louvavam a Deus por minha causa.*

EXAMINE ›

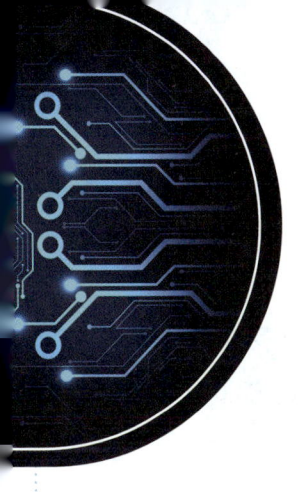

"O vento sopra onde quer, e ouve-se o barulho que ele faz, mas não se sabe de onde ele vem, nem para onde vai. A mesma coisa acontece com todos os que nascem do Espírito" (João 3:8).

CONSIDERE ›

O que o Espírito Santo vem fazendo em sua vida? Como a presença do Espírito Santo afeta sua fé?

DIA 45 >>>>>>>>>>>

SALTO ALTO RELIGIOSO

Todos nós nos tornamos impuros, todas as nossas boas ações são como trapos sujos. Somos como folhas secas; e os nossos pecados, como uma ventania, nos carregam para longe. (Isaías 64:6)

A estudante de letras deixou o professor impressionado com sua aplicação nos estudos. Quando, porém, a turma excursionou para um treinamento cultural, ele nem mesmo a reconheceu. O motivo? Na sala de aula, ela escondia os saltos de 13 centímetros sob suas calças compridas. Em suas botas confortáveis, não media nem mesmo um metro e meio. "Meus saltos são como quero ser", ela riu. "Mas minhas botas são como realmente sou."

Felizmente, estatura física não significa como somos realmente. Se estivermos mascarando o que achamos ser uma falha física, pode ser perigoso ou não. Porém, ao tentarmos esconder nossas falhas espirituais, as consequências são eternamente fatais.

Jesus tinha palavras duras para os mestres do disfarce — os líderes religiosos obcecados pelas aparências, mas negligentes em seu coração. Um dia, alguns deles lhe perguntaram por que Seus discípulos não lavavam as mãos antes de comer, como as tradições religiosas impunham. Jesus respondeu com uma pergunta: "...por que é que vocês desobedecem ao mandamento de Deus e seguem os seus próprios ensinamentos?" (Mateus 15:3). Citando Isaías, Jesus disse, "...Este povo com a sua boca diz que me respeita, mas na verdade o seu coração está longe de mim. A adoração deste povo é inútil, pois eles ensinam leis humanas como se fossem meus mandamentos (vv.8-9).

O profeta Isaías compreendeu como até mesmo "... nossas boas ações são como trapos sujos" (64:6). O problema daquele tempo e do nosso, é que pessoas que parecem seguir Deus podem, na realidade, ser as que estão mais longe dele. E aqueles que parecem menos religiosos podem ser os que estão mais próximos do Seu coração.

Somente Deus através da justiça do Seu Filho, pode nos dar um coração limpo que corta infinitamente mais profundo do que todas as nossas aparências. Encontraremos a Sua ajuda ao admitirmos que dela necessitamos. —*Tim Gustafson*

LEIA › Mateus 15:1-11

¹ *Então alguns fariseus e alguns mestres da Lei vieram de Jerusalém para falar com Jesus e lhe perguntaram:* ² *— Por que é que os seus discípulos comem sem lavar as mãos, desobedecendo assim aos ensinamentos que recebemos dos antigos?* ³ *Jesus respondeu: — E por que é que vocês desobedecem ao mandamento de Deus e seguem os seus próprios ensinamentos?* ⁴ *Pois Deus disse: "Respeite o seu pai e a sua mãe!" E disse também: "Que seja morto aquele que amaldiçoar o seu pai ou a sua mãe!"* ⁵ *Mas vocês ensinam que, se alguém tem alguma coisa que poderia usar para ajudar os seus pais, em sinal de respeito, mas diz: "Eu dediquei isto a Deus",* ⁶ *então não precisa ajudar os seus pais. Assim vocês desprezam a mensagem de Deus para seguir os seus próprios ensinamentos.* ⁷ *Hipócritas! Isaías estava certo quando disse a respeito de vocês o seguinte:* ⁸ *"Deus disse: Este povo com a sua boca diz que me respeita, mas na verdade o seu coração está longe de mim.* ⁹ *A adoração deste povo é inútil, pois eles ensinam leis humanas como se fossem meus mandamentos."* ¹⁰ *Jesus chamou a multidão e disse: — Escutem e entendam!* ¹¹ *Não é o que entra pela boca que faz com que alguém fique impuro. Pelo contrário, o que sai da boca é que pode tornar a pessoa impura.*

EXAMINE ›

Leia Isaías 64:1 – 65:1-5 para entender a observação do profeta sobre o seu povo "religioso" e como Deus agiu com eles. Leia Romanos 4:4-5 para ver o que Deus considera ser verdadeiramente justo.

CONSIDERE ›

Com que você conta para justificar-se diante de Deus? Como o seu comportamento pode impedir outras pessoas de crer em Jesus?

DIA 46 >>>>>>>>>>>

TEMPO DE TOLERÂNCIA

Estejam sempre prontos para responder a qualquer pessoa que pedir que expliquem a esperança que vocês têm. Porém façam isso com educação e respeito. (1 Pedro 3:15-16)

Um noticiário apresentou a situação de uma escola cristã forçada a se mudar porque um grupo de cidadãos locais sentia que era "proselitista". Como os alunos e a equipe estavam impondo sua fé a outros? Eles louvavam e oravam em voz alta dentro da propriedade escolar. As pessoas que provocaram a mudança da escola parecem bem intolerantes, hein?

Hoje em dia parece que há tolerância a todas as ideias e práticas concebíveis, exceto as que têm um toque de cristianismo. É verdade, entretanto, que a mensagem de Jesus não se mistura bem com a definição moderna de tolerância, porque Ele disse: "Eu sou o caminho, a verdade e a vida; ninguém pode chegar até o Pai a não ser por mim" (João 14:6).

Então, como expressamos nossa fé em Jesus numa sociedade que cultua no templo da tolerância? Pedro nos dá uma fórmula útil: Faça o bem: Talvez você sofra por sua fé, mas sua vida exemplar dirá muito a outras pessoas (1 Pedro 3:13-17); Esteja preparado: Prepare-se para compartilhar sua fé, sabendo em que crê (v.15); Seja respeitoso: Não retribua mal com mal, mas seja gentil e cortês ao defender sua fé (v.16).

Pedro viveu durante um tempo de pluralismo e tolerância. Mas, devido às afirmações de Jesus, ele e outros cristãos foram perseguidos. Quando a receita do apóstolo não foi acolhida com entusiasmo, ele prosseguiu com esperança em dias futuros, pois escreveu: "se alguém sofrer por ser cristão, não fique envergonhado, mas agradeça a Deus o fato de ser chamado por esse nome" (4:16).

Não podemos contar com uma cultura que define a tolerância como: tudo é permitido, desde que não vá contra minhas crenças. No entanto, podemos nos esforçar para respeitosamente, apresentar a nossa fé em Jesus para outras pessoas. —*Tom Felten*

LEIA › 1 Pedro 3:13-17

¹³ *Se, de fato, vocês quiserem fazer o bem, quem lhes fará o mal?* ¹⁴ *Como vocês serão felizes se tiverem de sofrer por fazerem o que é certo! Não tenham medo de ninguém, nem fiquem preocupados.* ¹⁵ *Tenham no coração de vocês respeito por Cristo e o tratem como Senhor. Estejam sempre prontos para responder a qualquer pessoa que pedir que expliquem a esperança que vocês têm.* ¹⁶ *Porém façam isso com educação e respeito. Tenham sempre a consciência limpa. Assim, quando vocês forem insultados, os que falarem mal da boa conduta de vocês como seguidores de Cristo ficarão envergonhados.* ¹⁷ *Porque é melhor sofrer por fazer o bem, se for esta a vontade de Deus, do que por fazer o mal.*

EXAMINE ›

"Assim também a luz de vocês deve brilhar para que os outros vejam as coisas boas que vocês fazem e louvem o Pai de vocês, que está no céu" (Mateus 5:16).

CONSIDERE ›

Como a nossa cultura vê a tolerância? Nessa cultura, como ser sal e luz para Cristo?

DIA 47

PESSOAS INCOMUNS

...todos nós, com o rosto descoberto, refletimos a glória que vem do Senhor. Essa glória vai ficando cada vez mais brilhante e vai nos tornando [...] mais parecidos com o Senhor, que é o Espírito.
(2 Coríntios 3:18)

No livro *O Peso de Glória*, C. S. Lewis faz uma afirmação surpreendente a respeito da humanidade: "Não existem pessoas comuns", escreve Lewis, "você jamais falou com um mero mortal". Uau! Esse sim é um pensamento agradável — especialmente para aqueles de nós que às vezes, na melhor das hipóteses, nos sentimos comuns. Será mesmo verdade que temos uma grandeza escondida?

Só precisamos abrir as primeiras páginas da Bíblia para descobrir que os seres humanos são tudo, exceto comuns. O primeiro capítulo de Gênesis diz que os seres humanos são a única peça da criação que tem a ilustre honra de ser criada à Sua semelhança (Gênesis 1:26-27).

Francis Schaeffer, contemporâneo de C. S. Lewis, declarou: "Não há revelação mais importante dada a respeito do homem do que o fato de que ele carrega a imagem de Deus." Como "descendência" de Deus nós somos marcados pela gloriosa imagem do Criador do universo. Embora seja verdade que nascemos com o pecado em nosso coração e que carecemos de refletir a glória de Deus (Romanos 3:23), ainda assim existem traços da glória e dignidade divina em cada um de nós.

Ralph Waldo Emerson disse: "O homem é Deus em ruínas." Como as antigas ruínas do mundo ainda impressionam e inspiram os turistas todos os anos, um remanescente de dignidade pode ser visto. Isto acontece com toda a pessoa que você conhece e cada uma delas pode ser transformada pela graça de Deus.

Parte da glória da nova aliança em Jesus é que Deus deseja e pretende nos restaurar. O Novo Testamento diz que aqueles que se entregaram a Jesus e vivem pelo Seu Espírito estão "segundo a sua imagem sendo transformados com glória cada vez maior" (2 Coríntios 3:18 NVI).

Separe um momento para absorver isso. É uma verdade maravilhosa que nos liberta para viver com ousadia para Ele (v.12). —*Jeff Olson*

LEIA › 2 Coríntios 3:12-18

¹² *E, porque temos essa esperança, agimos com toda a confiança.* ¹³ *Nós não fazemos como Moisés, que cobria o rosto com um véu para que os israelitas não pudessem ver que o seu brilho estava desaparecendo.* ¹⁴ *Mas eles não queriam compreender e, até hoje, quando eles leem os livros da antiga aliança, a mente deles está coberta com o mesmo véu. E esse véu só é tirado quando a pessoa se une com Cristo.* ¹⁵ *Mesmo agora, quando eles leem a Lei de Moisés, o véu ainda cobre a mente deles.* ¹⁶ *Mas o véu pode ser tirado, como dizem as Escrituras Sagradas: "O véu de Moisés foi tirado quando ele se voltou para o Senhor."* ¹⁷ *Aqui a palavra "Senhor" quer dizer o Espírito. E onde o Espírito do Senhor está presente, aí existe liberdade.* ¹⁸ *Portanto, todos nós, com o rosto descoberto, refletimos a glória que vem do Senhor. Essa glória vai ficando cada vez mais brilhante e vai nos tornando cada vez mais parecidos com o Senhor, que é o Espírito.*

EXAMINE ›

"...não tenham [...] mancha. Sejam filhos de Deus, vivendo sem nenhuma culpa no meio de pessoas más, que não querem saber de Deus. No meio delas vocês devem brilhar como as estrelas no céu..." (Filipenses 2:15).

CONSIDERE ›

Como o fato de perceber que você é feito à imagem de Deus o inspira? Que obra transformadora Deus tem feito em sua vida?

DIA 48 ⟫⟫⟫⟫⟫⟫⟫⟫⟫

PERFEITO – FAVOR, LEVAR

Vocês, mesmo sendo maus, sabem dar coisas boas aos seus filhos. Quanto mais o Pai de vocês, que está no céu, dará coisas boas aos que lhe pedirem!
(Mateus 7:11)

Alana é uma nova integrante de um pequeno grupo de cristãos que se reúne semanalmente. Ela começou a visitá-los há alguns meses quando uma amiga a convidou para participar do encontro para que pudessem orar por ela e apoiá-la em sua luta contra o câncer. Desde então a saúde dela melhorou muito e ela aproximou-se do Deus que cura.

Quando se trata de moda e mobília, o gosto de Alana é exótico. O apartamento dela está cheio de fadas, plumas, cristais e antiguidades baratas, mas clássicas. Recentemente, enquanto andava por uma loja de antiguidades, Alana se deparou com uma linda máquina de costura antiga. "Deus", sussurrou ela, "eu adoraria ter algo assim em minha casa".

Deus é um Deus que nos concede dádivas. Ele nos dá alimento e alegria (Atos 14:15-17), sol e chuva (Mateus 5:45), Jesus e a vida eterna (João 4:10, Romanos 6:23), o Espírito Santo e os dons espirituais (1 Tessalonicenses 4:8; 1 Coríntios 12). Jesus comparou o Pai aos pais terrenos. Se nós, que somos tão falhos e egoístas, sabemos dar coisas boas aos nossos filhos quanto mais Ele!

Ainda assim, há uma diferença enorme entre a vida eterna e uma máquina de costura, você não acha? Alana não estava orando por alimento, pelo dinheiro do aluguel, pela paz mundial ou salvação eterna. O pedido dela era uma oração infantil feita a um Deus que ela começava a conhecer.

Alguns dias depois da visita à loja de antiguidades, Alana estava saindo de casa a caminho do trabalho quando viu uma montanha de lixo na estrada. Parou atônita, pois lá estava uma máquina de costura igualzinha aquela que ela queria. Nela havia um bilhete: "Em perfeito estado — favor, levar."

Talvez o nosso Deus Pai goste de nos dar uns brinquedinhos de vez em quando — especialmente aos que estão caminhando, lentamente, rumo ao Seu Reino. —*Sheridan Voysey*

LEIA› Mateus 7:7-11

⁷ — *Peçam e vocês receberão; procurem e vocês acharão; batam, e a porta será aberta para vocês.* ⁸ *Porque todos aqueles que pedem recebem; aqueles que procuram acham; e a porta será aberta para quem bate.* ⁹ *Por acaso algum de vocês, que é pai, será capaz de dar uma pedra ao seu filho, quando ele pede pão?* ¹⁰ *Ou lhe dará uma cobra, quando ele pede um peixe?* ¹¹ *Vocês, mesmo sendo maus, sabem dar coisas boas aos seus filhos. Quanto mais o Pai de vocês, que está no céu, dará coisas boas aos que lhe pedirem!*

EXAMINE›

Jeremias 33:3
Lucas 15:22-24
Romanos 8:32

CONSIDERE›

Quais os dons que Deus lhe deu ao longo dos anos? O que isso lhe mostra sobre a natureza dele?

DIA 49

TANQUE VAZIO

Mas Jesus respondeu:
— Deem vocês mesmos comida
a eles. (Marcos 6:37)

Minha chefe e eu estávamos voltando tarde da noite quando o carro começou a falhar e ficou sem gasolina. Próximo do local, havia um posto de combustível. Saímos do carro e fomos em direção ao posto.

Se você já ficou sem combustível, sabe que é impossível continuar rodando por muito tempo, pode até ser possível andar em ponto morto por certo período, mas é impossível seguir em frente sem combustível.

Jesus reconheceu que os discípulos precisavam de reabastecimento quando sugeriu: "Vamos sozinhos para um lugar deserto a fim de descansarmos um pouco" (Marcos 6:31). Os Seus discípulos haviam recém-retornado de uma viagem missionária, mas tudo estava tão caótico que eles mal tinham tempo de comer antes que a multidão se juntasse. Jesus decidiu dar um seminário improvisado, ensinando-lhes "muitas coisas".

Pouco tempo depois, os discípulos disseram: "Já é tarde, e este lugar é deserto. Mande esta gente embora, a fim de que vão aos sítios e povoados de perto daqui e comprem alguma coisa para comer" A resposta de Jesus? "—Deem vocês mesmos comida a eles" (vv.36-37). Ele sabia que a sua equipe estava cansada e faminta, que era tarde e que nada tinham. Os discípulos questionaram como fariam aquilo.

Talvez você esteja pensando a mesma coisa.

Às vezes, Jesus permite que andemos na reserva por certo tempo, até reconhecermos que Ele é a fonte suprema de combustível para o nosso ministério. Sem Ele não podemos continuar, mas "com a força que Cristo [nos] dá, [podemos] enfrentar qualquer situação" (Filipenses 4:13). —*Jennifer Benson Schuldt*

LEIA › Marcos 6:30-38

³⁰ Os apóstolos voltaram e contaram a Jesus tudo o que tinham feito e ensinado. ³¹ Havia ali tanta gente, chegando e saindo, que Jesus e os apóstolos não tinham tempo nem para comer. Então ele lhes disse: — Venham! Vamos sozinhos para um lugar deserto a fim de descansarmos um pouco. ³² Então foram sozinhos de barco para um lugar deserto. ³³ Porém muitas pessoas os viram sair e os reconheceram. De todos os povoados, muitos correram pela margem e chegaram lá antes deles. ³⁴ Quando Jesus desceu do barco, viu a multidão e teve pena daquela gente porque pareciam ovelhas sem pastor. E começou a ensinar muitas coisas. ³⁵ De tardinha, os discípulos chegaram perto de Jesus e disseram: — Já é tarde, e este lugar é deserto. ³⁶ Mande esta gente embora, a fim de que vão aos sítios e povoados de perto daqui e comprem alguma coisa para comer. ³⁷ Mas Jesus respondeu: — Deem vocês mesmos comida a eles. Os discípulos disseram: — Para comprarmos pão para toda esta gente, nós precisaríamos de duzentas moedas de prata. ³⁸ Jesus perguntou: — Quantos pães vocês têm? Vão ver. Os discípulos foram ver e disseram: — Temos cinco pães e dois peixes.

EXAMINE ›

"E o meu Deus, de acordo com as gloriosas riquezas que ele tem para oferecer por meio de Cristo Jesus, lhes dará tudo o que vocês precisam" (Filipenses 4:19).

CONSIDERE ›

Se Jesus permitiu que você chegasse a um esgotamento ministerial, o que você acha que Ele quer lhe mostrar? Qual é a relação entre a suficiência de Jesus e as nossas necessidades ministeriais?

DIA 50 〉〉〉〉〉〉〉〉〉〉

RESTAURADO

...conte o que Deus fez por você.
(Lucas 8:39)

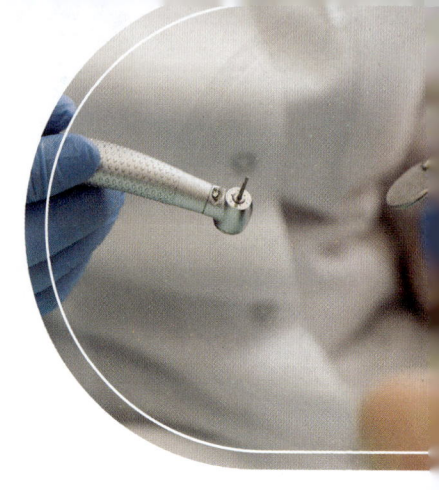

Anos atrás, um dentista extraiu os meus dentes do siso. Os caninos inferiores ficavam bem em cima dos nervos e a dor do pós-cirúrgico foi intensa. Após semanas, uma infecção voltou a causar sensibilidade. Fiz então, uma nova cirurgia para remover o tecido de cicatrização da minha mandíbula. A esta altura, ficava pensando: "Ó Deus, quando virás me curar?" (Salmo 6:3).

Demorou bastante, mas Jesus finalmente me restaurou. Ele fez a Sua parte, mas não pensei muito sobre como reagir diante da Sua obra restauradora em minha vida.

Devia ter aprendido a lição com o homem no Novo Testamento, possuído por uma legião de demônios. Depois que Jesus o curou e estava deixando a cidade, lê-se "E o homem de quem os demônios tinham saído implorou a Jesus: — Me deixe ir com o senhor!" (Lucas 8:38).

Enquanto lia, isso falou ao meu coração. Imaginei o homem implorando para acompanhar Jesus e percebi que a cura deveria inspirar o novo anseio de estar mais perto dele. Nosso coração deveriam ecoar as palavras do salmista: "Todo o meu ser deseja estar contigo [...] eu me apego a ti" (Salmo 63:1-8).

Apesar do homem possuído por demônios desejar seguir aquele que o curou, Jesus deu-lhe uma tarefa diferente, dizendo: "Volte para casa e conte o que Deus fez por você" (Lucas 8:39). Nós também precisamos proclamar como Jesus nos restaurou. Dessa maneira, glorificamos a Deus e levamos o conforto aos familiares e amigos que talvez estejam passando por desafios semelhantes.

Talvez Jesus tenha restaurado sua mente, recomposto seu coração partido, ou cuidado dos seus dentes! Se este é o caso, reflita sobre sua reação. O Seu toque curador pode nos reaproximar dele, e ao compartilharmos nossas histórias incentivaremos outros a fazerem o mesmo. —*Jennifer Benson Schuldt*

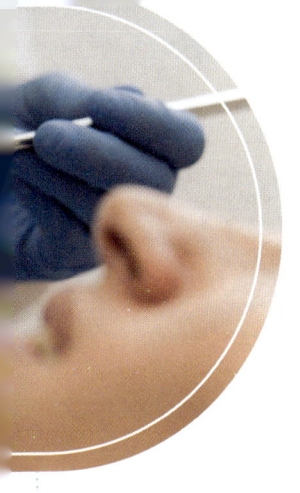

LEIA › Lucas 8:35-39

³⁵ Muita gente foi ver o que havia acontecido. Quando chegaram perto de Jesus, viram o homem de quem haviam saído os demônios. E ficaram assustados porque ele estava sentado aos pés de Jesus, vestido e no seu perfeito juízo. ³⁶ Os que haviam visto tudo contaram ao povo como o homem tinha sido curado. ³⁷ Aí toda a gente da região de Gerasa ficou com muito medo e pediu que Jesus saísse da terra deles. Então Jesus subiu no barco e foi embora. ³⁸ E o homem de quem os demônios tinham saído implorou a Jesus: — Me deixe ir com o senhor! Mas Jesus o mandou embora, dizendo: ³⁹ — Volte para casa e conte o que Deus fez por você. Então o homem foi pela cidade, contando o que Jesus tinha feito por ele.

EXAMINE ›

"Que todo o meu ser louve o SENHOR, e que eu não esqueça nenhuma das suas bênçãos!" (Salmo 103:2)

CONSIDERE ›

No passado, como você reagiu diante do poder de cura de Jesus? Como você pode encorajar os outros sobre o poder restaurador de Cristo com a sua história?

DIA 51 〉〉〉〉〉〉〉〉〉〉

O PROBLEMA DO "EU"

Prestem atenção! Tenham cuidado com todo tipo de avareza porque a verdadeira vida de uma pessoa não depende das coisas que ela tem, mesmo que sejam muitas. (Lucas 12:15)

Jesus contou uma parábola sobre um homem rico que produziu uma excelente safra e ficou ainda mais rico. Tivera eu sido esse homem, teria agradecido e louvado a Deus por Suas bênçãos e colocado uma parte de minha riqueza multiplicada na oferta. Você provavelmente teria feito o mesmo.

Porém, o homem rico reagiu de maneira diferente: "Eu não tenho lugar para guardar toda esta colheita [...] Vou derrubar os meus depósitos de cereais e construir outros maiores ainda. Neles guardarei todas as minhas colheitas [...]. Então direi a mim mesmo [...] Agora descanse..." (veja Lucas 12:17-19).

Qual era a linguagem de louvor e adoração na vida desse homem? *Meu, me, e eu*. Esse homem adorava no altar do eu. Tinha um grave problema com seu eu.

Nessa sua condição, tinha uma visão defeituosa e danificada:

- *Via somente a si mesmo*. Sua visão terminava em seu espelho (vv.17-19).
- *Não conseguia ver Deus*. Estava convencido de que sua própria esperteza o havia enriquecido. Entretanto, a terra fértil produziu as boas colheitas (v.16). Ele esqueceu-se de que Deus enviou a chuva e o sol (Levítico 26:4, Mateus 5:45, Atos 14:17). Ele esqueceu que Deus havia lhe dado a habilidade de produzir riquezas (Deuteronômio 8:17-18).
- *Não conseguia ver os outros*. O pecado do homem rico foi o deleite egoísta, pretensioso e indulgente, que ignora Deus e as necessidades de outras pessoas (Lucas 12:19). Embora seja bom usufruir das alegrias materiais que Deus nos dá (Eclesiastes 3:12-13; 9:7; 1 Timóteo 6:17), precisamos nos questionar sobre as maneiras que usaremos a nossa riqueza para abençoar outras pessoas (Gênesis 12:2-3).

Jesus nos advertiu: "Tenham cuidado com todo tipo de avareza porque a verdadeira vida de uma pessoa não depende das coisas que ela tem" (Lucas 12:15). O que você fará com o que lhe foi dado? —*K. T. Sim*

LEIA› Lucas 12:13-21

¹³ *Um homem que estava no meio da multidão disse a Jesus: — Mestre, mande o meu irmão repartir comigo a herança que o nosso pai nos deixou.* ¹⁴ *Jesus disse: — Homem, quem me deu o direito de julgar ou de repartir propriedades entre vocês?* ¹⁵ *E continuou, dizendo a todos: — Prestem atenção! Tenham cuidado com todo tipo de avareza porque a verdadeira vida de uma pessoa não depende das coisas que ela tem, mesmo que sejam muitas.* ¹⁶ *Então Jesus contou a seguinte parábola: — As terras de um homem rico deram uma grande colheita.* ¹⁷*Então ele começou a pensar: "Eu não tenho lugar para guardar toda esta colheita. O que é que vou fazer?* ¹⁸ *Ah! Já sei! — disse para si mesmo. — Vou derrubar os meus depósitos de cereais e construir outros maiores ainda. Neles guardarei todas as minhas colheitas junto com tudo o que tenho.* ¹⁹ *Então direi a mim mesmo: 'Homem feliz! Você tem tudo de bom que precisa para muitos anos. Agora descanse, coma, beba e alegre-se.'"* ²⁰ *Mas Deus lhe disse: "Seu tolo! Esta noite você vai morrer; aí quem ficará com tudo o que você guardou?"* ²¹ *Jesus concluiu: — Isso é o que acontece com aqueles que juntam riquezas para si mesmos, mas para Deus não são ricos.*

EXAMINE›

Mateus 6:19-20
1 Timóteo 6:17-19
Tiago 2:14-18

CONSIDERE›

Faça uma lista das bênçãos materiais que Deus lhe tem dado. Qual é a sua reação a essas bênçãos? De que maneira Deus gostaria que você as compartilhasse com outras pessoas?

DIA 52))))))))))

UNIDADE E HUMILDADE

Então peço que me deem a grande satisfação [...] tendo um mesmo amor e sendo unidos de alma e mente [...] sejam humildes e considerem os outros superiores a vocês mesmos.
(Filipenses 2:2-3)

Quando foi a última vez que você teve uma discussão desagradável ou passou por um conflito com um membro da família ou amigo? Qual foi o motivo do seu desentendimento? Quanto tempo você levou para resolver o conflito? Como sua alegria foi afetada pelo conflito? Se for como eu, os conflitos entre você e as pessoas que o amam roubam-lhe a medida plena da alegria cristã.

Um dos propósitos de Paulo ao escrever sua epístola aos Filipenses era o de ajudá-los a experimentar a medida perfeita da alegria — conseguida pela redução da fricção em seus relacionamentos. Ele sabia que havia um só modo disso acontecer. Eles teriam que mostrar uns aos outros o amor profundo que Deus havia mostrado a eles (Filipenses 2:2). Esse amor era incondicional e sem discriminação. Era um amor de uns para com os outros que devia estar crescendo, e não se desgastando.

Em seguida, poderiam reduzir os conflitos trabalhando com uma só mente e propósito (v.2). Isto não significava que tivessem que pensar e agir da mesma maneira. Queria dizer que deviam lutar apaixonadamente pelo mesmo alvo — a glória de Deus e Seu reino. Também, poderiam reduzir os conflitos ao ter a motivação correta para servir outras pessoas e celebrar as boas qualidades; o progresso, o sucesso e o crescimento espiritual na vida dos cristãos como eles (v.3). Paulo os chamou a estender os seus interesses para além de si mesmos e a abandonar sua fascinação por personalidades, especialmente a deles mesmos (v.4). A motivação de Paulo para essas ordens tão fortes era o mais poderoso exemplo de unidade e humildade que já se conheceu — Jesus Cristo (vv.5-11).

Ao interagirmos com membros da família; amigos; colegas de trabalho e vizinhos, passaremos por conflitos. Podemos, no entanto, experimentar a medida perfeita da alegria ao continuar a sermos motivados pelo exemplo do nosso Salvador. Vamos reduzir conflitos praticando a unidade e a humildade. —*Marvin Williams*

LEIA › Filipenses 2:1-11

¹ *Por estarem unidos com Cristo, vocês são fortes, o amor dele os anima, e vocês participam do Espírito de Deus. E também são bondosos e misericordiosos uns com os outros.* ² *Então peço que me deem a grande satisfação de viverem em harmonia, tendo um mesmo amor e sendo unidos de alma e mente.* ³ *Não façam nada por interesse pessoal ou por desejos tolos de receber elogios; mas sejam humildes e considerem os outros superiores a vocês mesmos.* ⁴ *Que ninguém procure somente os seus próprios interesses, mas também os dos outros.* ⁵ *Tenham entre vocês o mesmo modo de pensar que Cristo Jesus tinha:* ⁶ *Ele tinha a natureza de Deus, mas não tentou ficar igual a Deus.* ⁷ *Pelo contrário, ele abriu mão de tudo o que era seu e tomou a natureza de servo, tornando-se assim igual aos seres humanos. E, vivendo a vida comum de um ser humano,* ⁸ *ele foi humilde e obedeceu a Deus até a morte — morte de cruz.* ⁹ *Por isso Deus deu a Jesus a mais alta honra e pôs nele o nome que é o mais importante de todos os nomes,* ¹⁰ *para que, em homenagem ao nome de Jesus, todas as criaturas no céu, na terra e no mundo dos mortos, caiam de joelhos* ¹¹ *e declarem abertamente que Jesus Cristo é o Senhor, para a glória de Deus, o Pai.*

EXAMINE ›

"Humilhem-se diante do Senhor, e ele os colocará numa posição de honra" (Tiago 4:10).

CONSIDERE ›

Como o exemplo de humildade de Cristo desafia o seu egoísmo? Baseado nos princípios encontrados em Filipenses, como você mudará sua maneira de resolver conflitos?

DIA 53 >>>>>>>>>>>

DEUS E UM GANSO

Se de manhã o orvalho tiver molhado somente a lã, e o chão em volta dela estiver seco, então poderei ficar certo de que tu realmente me usarás para libertar Israel. (Juízes 6:37)

Como tantos em nossa cultura, ele é espiritual, e aos 17 anos rejeitou a religião de seus pais e avós por achá-la indigesta, enfadonha e sufocante. Ele vai à igreja porque a sua namorada o faz.

As limitações da ciência o obrigam a crer num deus. Porém, o mal, a injustiça e a hipocrisia o forçam a concluir que esse deus não é todo-poderoso e amoroso. Tem a seu favor, o fato de não aceitar a premissa barata e sem critério "Apenas tenha fé." A fé precisa ter seus motivos ou então é tola (2 Coríntios 10:4).

Como líder de um pequeno grupo, sugeri que ele orasse desafiando Deus a revelar-se a ele.

Semanas mais tarde ele me cercou dizendo: "Preciso lhe contar sobre Deus e um ganso." E descreveu sua ida a um lago tranquilo que serve de lar para numerosos patos e coelhos. Certo dia, pediu a Deus para ver um ganso, não patos. Foi até o lago e não encontrou patos, nem coelhos, nem gansos. Ficou por ali e ao virar-se para ir embora, desapontado, olhou para trás pensativamente e viu um ganso solitário no meio do lago.

Foi Gideão quem pôs a primeira "lã". Ele era um despretensioso fazendeiro escondendo-se de um inimigo opressor quando Deus o chamou para liderar uma revolução (veja Juízes 6:34). Ainda desenvolvendo sua fé e confiança em Deus, Gideão pôs um pouco de lã e fez exigências específicas. "Se de manhã o orvalho tiver molhado somente a lã, e o chão em volta dela estiver seco, então poderei ficar certo de que tu realmente me usarás para libertar Israel." Deus lhe deu uma resposta, graciosamente (vv.36-40).

Todos nós temos questões e dúvidas em nossa jornada de fé. As "lãs" não são recomendadas, mas buscar a Deus de maneira sincera e considerar cuidadosamente o que Ele nos ensina através dos caminhos da vida aumenta a fé. Tem perguntas? Vá até a Fonte. —*Tim Gustafson*

LEIA › Juízes 6:33-40

³³ *Então todos os midianitas, os amalequitas e os povos do deserto se juntaram, e atravessaram o rio Jordão, e acamparam no vale de Jezreel.* ³⁴ *E o Espírito do SENHOR dominou Gideão. Ele tocou uma corneta feita de chifre de carneiro, e os homens do grupo de famílias de Abiezer foram juntar-se a ele.* ³⁵ *Gideão enviou também mensageiros para chamar os homens das tribos de Manassés, de Aser, de Zebulom e de Naftali. E eles também foram se juntar a ele.* ³⁶ *Então Gideão disse: — Ó Deus, tu disseste que queres me usar para libertar o povo de Israel.* ³⁷*Pois bem. Vou pôr um pouco de lã no lugar onde malhamos o trigo. Se de manhã o orvalho tiver molhado somente a lã, e o chão em volta dela estiver seco, então poderei ficar certo de que tu realmente me usarás para libertar Israel.* ³⁸ *O que ele disse aconteceu. Na manhã seguinte Gideão se levantou, espremeu a lã, e dela saiu água que deu para encher uma tigela.* ³⁹ *Então ele pediu a Deus: — Não fiques zangado comigo. Mas deixa que eu fale só mais uma vez. Deixa, por favor, que eu faça mais uma prova com a lã. Que desta vez a lã fique seca, e que haja orvalho somente no chão em volta dela!* ⁴⁰ *E Deus fez isso naquela noite. A lã ficou seca, e o chão em volta ficou coberto de orvalho.*

EXAMINE ›

Jeremias 29:13
João 7:17; 20:26-29

CONSIDERE ›

Quais perguntas e dúvidas você precisa trazer a Deus hoje? Como Ele o conduz em Sua Palavra e pelos caminhos da vida?

DIA 54 >>>>>>>>>>

JOVENS ENTRE NÓS

Deixem que as crianças venham a mim e não proíbam que elas façam isso, pois o Reino do Céu é das pessoas que são como estas crianças. (Mateus 19:14)

Nossa geração está experimentando o maior aumento de população de todos os tempos. Estamos vivendo durante uma era em que há mais crianças no mundo, 2,5 bilhões, mais do que jamais houve antes. Meio bilhão dessas crianças vivem em nações abastadas, e 2 bilhões vivem em países em desenvolvimento.

Enquanto vivia na Uganda, país da África Oriental, onde existem dois milhões de órfãos, e mais de 50 por cento da população tem idade inferior a 14 anos, testemunhei a situação que as crianças estão enfrentando em nações reduzidas à pobreza. Reconheço a seriedade da exortação de Deus de que a igreja estabeleça como alta prioridade, amar e proteger as crianças — particularmente as que não têm pais.

"Alguém está pensando que é religioso? Se não souber controlar a língua, a sua religião não vale nada, e ele está enganando a si mesmo. Para Deus, o Pai, a religião pura e verdadeira é esta: ajudar os órfãos e as viúvas nas suas aflições" (Tiago 1:26-27).

Há muito trabalho a ser feito. De acordo com a UNICEF, "Perto de 11 milhões de crianças ainda morrem a cada ano, geralmente de causas simples de prevenir. Estima-se que 150 milhões de crianças estejam malnutridas. Acima de 120 milhões não frequentam escolas. Muitas vezes, dezenas de milhões trabalham em situações abusivas. Milhões estão expostas a conflitos e outras formas de violência." De que maneira você pode ajudar as crianças em sua própria comunidade e ao redor do mundo?

• Intervir em oração por crianças que são vítimas de injustiça (Isaías 1:17).
• E m nome de Jesus, entregar e/ou doar alimentos e roupas para crianças necessitadas (Deuteronômio 10:18).
• Seguir o exemplo de Jesus deixando que as crianças se sintam bem-vindas e amadas em Sua presença (Mateus 19:14).

Faça como Jesus, abra seus braços a uma criança hoje. —*Roxanne Robbins*

LEIA › Mateus 19:13-25

¹³ Depois disso, algumas pessoas levaram as suas crianças para Jesus pôr as mãos sobre elas e orar, mas os discípulos repreenderam as pessoas que fizeram isso. ¹⁴ Aí ele disse: — Deixem que as crianças venham a mim e não proíbam que elas façam isso, pois o Reino do Céu é das pessoas que são como estas crianças. ¹⁵ Então Jesus pôs as mãos sobre elas e foi embora. ¹⁶ Certa vez um homem chegou perto de Jesus e perguntou: — Mestre, o que devo fazer de bom para conseguir a vida eterna? ¹⁷ Jesus respondeu: — Por que é que você está me perguntando a respeito do que é bom? Bom só existe um. Se você quer entrar na vida eterna, guarde os mandamentos. ¹⁸ — Que mandamentos? — perguntou ele. Jesus respondeu: — "Não mate, não cometa adultério, não roube, não dê falso testemunho contra ninguém, ¹⁹ respeite o seu pai e a sua mãe e ame os outros como você ama a você mesmo." ²⁰ — Eu tenho obedecido a todos esses mandamentos! — respondeu o moço. — O que mais me falta fazer? ²¹ Jesus respondeu: — Se você quer ser perfeito, vá, venda tudo o que tem, e dê o dinheiro aos pobres, e assim você terá riquezas no céu. Depois venha e me siga. ²² Quando o moço ouviu isso, foi embora triste, pois era muito rico. ²³ Jesus então disse aos discípulos: — Eu afirmo a vocês que isto é verdade: é muito difícil um rico entrar no Reino do Céu. ²⁴ E digo ainda que é mais difícil um rico entrar no Reino de Deus do que um camelo passar pelo fundo de uma agulha. ²⁵ Quando ouviram isso, os discípulos ficaram muito admirados e perguntavam: — Então, quem é que pode se salvar?

EXAMINE ›

"Maldito seja aquele que não respeitar os direitos dos estrangeiros, dos órfãos e das viúvas!" (Deuteronômio 27:19).

CONSIDERE ›

Que criança necessitada de sua comunidade você vai amar e sustentar? O que o motivaria a sustentar uma organização que cuida de órfãos em terras estrangeiras?

DIA 55

ENCRUZILHADA

A tua palavra é lâmpada para guiar os meus passos, é luz que ilumina o meu caminho. (Salmo 119:105)

Certa vez, a missionária Marti Ensign levou aos Estados Unidos alguns pastores do país onde servia. Eles queriam fazer compras, mas Marti preocupou-se, pois eles podiam se perder e lhes deu o número de seu telefone. Menos de uma hora depois, um deles telefonou dizendo: "Estou perdido". Marti pediu-lhe que visse o nome das ruas da esquina, e a informasse, pois iria resgatá-lo. Em poucos minutos, ele retornou ao telefone e anunciou, "Estou na esquina da rua 'Andar' com 'Não Andar'".

Ao buscar a vontade de Deus, podemos acabar e nossa própria encruzilhada da indecisão. Queremos a direção de Deus, e que Ele revele Suas opiniões em questões não tratadas especificamente em Sua vontade moral: Onde devo morar? Que escola frequentar? Qual carreira seguir? Com quem devo me casar?

Em geral, Deus revela a Sua vontade através da Sua Palavra (Salmo 119:104-105). A Palavra de Deus não somente nos dá Suas ordenanças morais, mas também lança luz sobre assuntos que não são especificamente tratados na Bíblia.

Outra maneira de Deus comunicar Sua sabedoria e planos para nós é através do conselho sábio de membros de nossa família, pastores ou outros líderes espirituais (Provérbios 4:1; Jeremias 3:15). Uma quarta maneira pela qual Deus revela Sua vontade a nós é através de nossas paixões e desejos, quando nossa felicidade está nele (Salmo 37:4).

Continuemos a pedir a direção de Deus para nossa vida, pois Ele nos ama e deseja nos dar boas dádivas (Jeremias 31:10-12; Mateus 7:7-11). Ele conhece todas as coisas (Salmo 139) e responderá as nossas orações! —*Marvin Williams*

LEIA › Salmo 119:97-105

⁹⁷ *Como eu amo a tua lei! Penso nela o dia todo.* ⁹⁸ *O teu mandamento está sempre comigo e faz com que eu seja mais sábio do que os meus inimigos.* ⁹⁹ *Eu entendo mais do que todos os meus professores porque medito nos teus ensinamentos.* ¹⁰⁰ *Tenho mais sabedoria do que os velhos porque obedeço aos teus mandamentos.* ¹⁰¹ *Não tenho andado pelos caminhos da maldade, pois quero obedecer à tua palavra.* ¹⁰² *Não tenho deixado de cumprir as tuas ordens porque és tu que me ensinas.* ¹⁰³ *Como são doces as tuas palavras! São mais doces do que o mel.* ¹⁰⁴ *Por meio das tuas leis, consigo a sabedoria e assim detesto todos os caminhos da mentira.* ¹⁰⁵ *A tua palavra é lâmpada para guiar os meus passos, é luz que ilumina o meu caminho.*

EXAMINE ›

"...aproveitem bem todas as oportunidades que vocês têm. Não ajam como pessoas sem juízo, mas procurem entender o que o Senhor quer que vocês façam" (Efésios 5:16-17).

CONSIDERE ›

O que você geralmente faz ao sentir-se acuado na encruzilhada da decisão? Como o fato de Deus conhecer todas as coisas o motiva a pedir direção e orientação divina?

DIA 56

ESPERANÇAS GRANDIOSAS

Mas os que confiam no SENHOR recebem sempre novas forças. Voam nas alturas como águias, correm e não perdem as forças, andam e não se cansam. (Isaías 40:31)

O que os fatos a seguir têm em comum? Um homem desempregado foge de sua pobreza e torna-se terrorista suicida. Um soldado incapaz de defender sua pátria abraça uma granada em ato final de "honra". A nova mãe cheia de culpa pela morte acidental de seu bebê, engole um vidro de pílulas para dormir. Todos morrendo por falta de esperança — essencial à vida. Paulo escreve que existem três coisas que durarão para sempre "a fé, a esperança e o amor. Porém a maior delas é o amor" (1 Coríntios 13:13). Muitos ficam tão impressionados com a importância do amor que não percebem a esperança entre elas. Compreendemos porque precisamos ter fé em Deus e amar nosso irmão, mas por que precisamos de esperança?

Sem esperança, murcharemos e morreremos. Com esperança, podemos "Voa[r] nas alturas como águias" (Isaías 40:31). O único motivo de continuarmos a sair da cama todas as manhãs é crermos que este dia poderá ser melhor que o anterior. Tirem nossa esperança e nos tirarão a vida.

A maior parte das pessoas avança desordenadamente com pouca esperança. Os materialistas não têm uma esperança final porque acreditam que a morte encerra a sua existência. Muitos cristãos se contentam com poucas esperanças, ao crerem erradamente que o único alvo é chegar ao céu ao morrer.

A Bíblia promete algo maior. Paulo declarou, "existe esta esperança: Um dia o próprio Universo ficará livre do poder destruidor que o mantém escravo e tomará parte na gloriosa liberdade dos filhos de Deus" (Romanos 8:20-21).

Ansiamos que Cristo volte e endireite o mundo. Ele destruirá o pecado, a morte e Satanás; ressuscitará os nossos queridos e viverá para sempre conosco aqui nesta terra restaurada. Ele poderá vir amanhã (ou antes, até). É esperança mais do que o suficiente para o dia de hoje! —*Mike Witmer*

EXAMINE

Jeremias 29:11
Lamentações 3:21-23
Tito 2:13

CONSIDERE

Qual o seu maior desejo? Como os seus sonhos influenciam as suas escolhas?

LEIA Isaías 40:20-31

20 *Quem não pode comprar ouro ou prata escolhe madeira de lei e procura um artista competente que faça uma imagem que fique firme no seu lugar.* 21 *Será que vocês não sabem? Será que nunca ouviram falar disso? Não lhes contaram há muito tempo como o mundo foi criado?* 22 *O Criador de todas as coisas é aquele que se assenta no seu trono no céu; ele está tão longe da terra, que os seres humanos lhe parecem tão pequenos como formigas. Foi ele quem estendeu os céus como um véu, quem os armou como uma barraca para neles morar.* 23 *É ele quem rebaixa reis poderosos e tira altas autoridades do poder.* 24 *Eles são como plantas que brotaram há pouco e quase não têm raízes. Quando Deus sopra neles, eles murcham, e a ventania os leva para longe, como se fossem palha.* 25 *Com quem vocês vão comparar o Santo Deus? Quem é igual a ele?* 26 *Olhem para o céu e vejam as estrelas. Quem foi que as criou? Foi aquele que as faz sair em ordem como um exército; ele sabe quantas são e chama cada uma pelo seu nome. A sua força e o seu poder são tão grandes, que nenhuma delas deixa de responder.* 27 *Povo de Israel, por que você se queixa, dizendo: "O Senhor não se importa conosco, o nosso Deus não se interessa pela nossa situação"?* 28 *Será que vocês não sabem? Será que nunca ouviram falar disso? O Senhor é o Deus Eterno, ele criou o mundo inteiro. Ele não se cansa, não fica fatigado; ninguém pode medir a sua sabedoria.* 29 *Aos cansados ele dá novas forças e enche de energia os fracos.* 30 *Até os jovens se cansam, e os moços tropeçam e caem;* 31 *mas os que confiam no Senhor recebem sempre novas forças. Voam nas alturas como águias, correm e não perdem as forças, andam e não se cansam.*

DIA 57

CRUZANDO O LAGO

Então o homem foi pela cidade, contando o que Jesus tinha feito por ele. (Lucas 8:39)

Cíntia gosta de estar sozinha. Não que não aprecie a companhia dos outros, na verdade ela aprecia. Simplesmente porque de alguma maneira a vida é menos dolorosa quando ela está só.

Sua família é desestruturada, com falta de higiene, maus hábitos, sem dinheiro e habilidades sociais limitadas. Cíntia embriaga-se, usa drogas e acaba ficando com homens que não gostaria de estar. A solidão é melhor. Em seus dias ruins, ela pensa em suicídio.

Quando Jesus e Seus discípulos atravessaram a Galileia após um longo dia de pregações, um rejeitado socialmente, em estado calamitoso, os encontrou. Possesso por demônios, ele estivera algemado, mas despedaçara as cadeias e "o demônio o levava para o deserto" para viver nos túmulos (Lucas 8:29).

Jesus entrou em cena com um toque pessoal e uma mudança drástica. Enquanto outros tentavam aprisionar o homem para se proteger, Jesus o libertou para alcançar os outros. Expulsou os demônios, que entraram em numa vara de porcos e repentinamente se afogaram (v.33).

Os criadores dos porcos correram e contaram ao povo da cidade, cuja reação nos dá uma notável compreensão da natureza humana. Eles queriam que Jesus partisse, talvez por temerem o Seu poder ou porque uma fortuna em porcos havia sido perdida quando estes mergulharam do penhasco, água abaixo. De qualquer forma, eles valorizaram seu estado atual ou a segurança econômica mais do que a sanidade e a salvação daquele homem.

Mas aquele homem queria seguir a Jesus (v.38). Finalmente, apareceu alguém que o vira como um ser humano e não somente a inconveniência e a vergonha que ele causava! Porém Jesus lhe disse, "Volte para casa e conte o que Deus fez por você" (v.39).

Aparentemente, Jesus havia atravessado o lago somente para salvar este solitário homem! —*Tim Gustafson*

EXAMINE

"O nosso Deus é o Deus que salva; ele é o SENHOR, o Senhor nosso, que nos livra da morte" (Salmo 68:20).

CONSIDERE

Qual foi a reação do homem quando foi liberto dos demônios? Você tem alguém como Cíntia em sua vida? O que você pode fazer para ajudá-la?

LEIA Lucas 8:26-39

²⁶ Jesus e os discípulos chegaram à região de Gerasa, no lado leste do lago da Galileia. ²⁷ Assim que Jesus saiu do barco, um homem daquela cidade foi encontrar-se com ele. Esse homem estava dominado por demônios. Fazia muito tempo que ele andava sem roupas e não morava numa casa, mas vivia nos túmulos do cemitério. ²⁸ Quando viu Jesus, o homem deu um grito, caiu no chão diante dele e disse bem alto: — Jesus, Filho do Deus Altíssimo! O que o senhor quer de mim? Por favor, não me castigue! ²⁹ Ele disse isso porque Jesus havia mandado o espírito mau sair dele. Esse espírito o havia agarrado muitas vezes. As pessoas chegaram até a amarrar os pés e as mãos do homem com correntes de ferro, mas ele as quebrava, e o demônio o levava para o deserto. ³⁰ Jesus perguntou a ele: — Como é que você se chama? — O meu nome é Multidão! — respondeu ele. (Ele disse isso porque muitos demônios tinham entrado nele.) ³¹ Aí os demônios começaram a pedir com insistência a Jesus que não os mandasse para o abismo. ³² Muitos porcos estavam comendo num morro ali perto. Os demônios pediram com insistência a Jesus que os deixasse entrar nos porcos, e ele deixou. ³³ Então eles saíram do homem e entraram nos porcos, que se atiraram morro abaixo, para dentro do lago, e se afogaram. ³⁴ Quando os homens que estavam tomando conta dos porcos viram o que havia acontecido, fugiram e espalharam a notícia na cidade e nos seus arredores. ³⁵ Muita gente foi ver o que havia acontecido. Quando chegaram perto de Jesus, viram o homem de quem haviam saído os demônios. E ficaram assustados porque ele estava sentado aos pés de Jesus, vestido e no seu perfeito juízo. ³⁶ Os que haviam visto tudo contaram ao povo como o homem tinha sido curado. ³⁷ Aí toda a gente da região de Gerasa ficou com muito medo e pediu que Jesus saísse da terra deles. Então Jesus subiu no barco e foi embora. ³⁸ E o homem de quem os demônios tinham saído implorou a Jesus: — Me deixe ir com o senhor! Mas Jesus o mandou embora, dizendo: ³⁹ — Volte para casa e conte o que Deus fez por você. Então o homem foi pela cidade, contando o que Jesus tinha feito por ele.

DIA 58 〉〉〉〉〉〉〉〉〉〉

VIDAS SEM RUMO

...seja um exemplo na maneira de falar, na maneira de agir, no amor, na fé e na pureza. [...] dedique-se à leitura em público das Escrituras Sagradas, à pregação do evangelho e ao ensino...
(1 Timóteo 4:12-13)

Certa vez conversei com Bernardo, um artista da palavra falada. Ele recita todo o livro do evangelho de Marcos de cor, sem qualquer tipo de auxílio. O evangelho de Marcos é considerado uma obra-prima nos círculos literários. Bernardo leva a mensagem às audiências comuns com ênfase cuidadosa, entonação elaborada e ritmo variado. Ouvi algumas de suas passagens favoritas. Foi fascinante!

Bernardo questionava se um "pastor ou um padre" deveria acompanhá-lo em suas apresentações. Perguntei-lhe o porquê? Ele respondeu: "Bem, muitas pessoas me procuram após o show com perguntas espirituais e buscam conselhos. Simplesmente, não sei o que dizer-lhes."

Há algo interessante na Bíblia, não é mesmo? Deus a utiliza para revelar-se, e orientar as vidas perdidas.

A igreja de Éfeso também precisava de direção. Os cristãos efésios tinham dificuldades com o liberalismo e o legalismo (1 Timóteo 3:2-3; 4:1-4), e infelizmente os líderes da igreja foram os que mais se desviaram. Bebiam e tornavam-se violentos e gananciosos (3:3); alguns ensinavam enganos sobre a ressurreição (2 Timóteo 2:18), o casamento e comida (1 Timóteo 4:1-4). Em meio ao caos, Paulo instruiu seu aprendiz Timóteo para viver e ensinar a Palavra de Deus. Somente a Escritura oferece a graça que as consciências legalistas precisam e os padrões que estilos de vida libertinos requerem. Como meu amigo Bernardo descobriu, o coração moderno e mundano também precisa de direção. Ele falava do evangelho e corações sedentos vinham buscar orientação.

A Palavra de Deus trata das necessidades do coração, corrigindo as falhas e preenchendo o vazio. Que a Sua Palavra, hoje, corrija os desvios de nossa alma. Vamos compartilhá-la de forma criativa com um mundo em busca de respostas.

—Sheridan Voysey

LEIA › 1 Timóteo 4:12-16

¹² *Não deixe que ninguém o despreze por você ser jovem. Mas, para os que creem, seja um exemplo na maneira de falar, na maneira de agir, no amor, na fé e na pureza.* ¹³ *Enquanto você espera a minha chegada, dedique-se à leitura em público das Escrituras Sagradas, à pregação do evangelho e ao ensino cristão.* ¹⁴ *Não se descuide do dom que você tem, que Deus lhe deu quando os profetas da Igreja falaram, e o grupo de presbíteros pôs as mãos sobre a sua cabeça para dedicá-lo ao serviço do Senhor.* ¹⁵ *Pratique essas coisas e se dedique a elas a fim de que o seu progresso seja visto por todos.* ¹⁶ *Cuide de você mesmo e tenha cuidado com o que ensina. Continue fazendo isso, pois assim você salvará tanto você mesmo como os que o escutam.*

EXAMINE ›

"Pois a palavra de Deus é viva e poderosa [...]. Ela vai até o lugar mais fundo da alma e do espírito, vai até o íntimo das pessoas e julga os desejos e pensamentos do coração delas" (Hebreus 4:12).

CONSIDERE ›

Você se sente encorajado pela história de Bernardo? Com quem você compartilhará a Palavra de Deus de forma criativa hoje?

DIA 59

NARCÓTICOS NO SINAI?

O temor ao SENHOR é bom e dura para sempre. Os seus julgamentos são justos e sempre se baseiam na verdade. (Salmo 19:9)

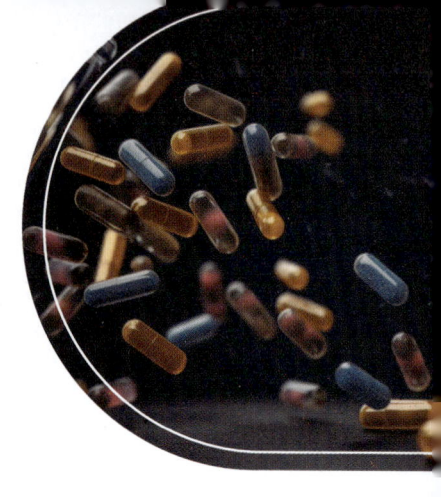

Quanto a Moisés no Monte Sinai, ou foi um evento cósmico sobrenatural, o que não acredito, ou lenda, o que também não creio, ou finalmente, e isto é muito provável, um evento que uniu Moisés e o povo de Israel sob o efeito de narcóticos. —Benny Shanon, Time and Mind Journal of Philosophy

Não sei quanto a você, mas a suposição de que Moisés estava sob efeito de drogas no Monte Sinai e imaginou o seu encontro com Deus me tirou do sério! Ao dizer isso, estou consciente de que todos nós podemos ler a Bíblia de maneira distorcida por nossos preconceitos. Portanto, como podemos evitar isto?

Começamos respeitando o autor — e o autor é Deus. Davi escreveu: "O temor ao SENHOR é bom e dura para sempre. Os seus julgamentos são justos e sempre se baseiam na verdade" (Salmo 19:9). Respeitá-lo significa que estamos mais preocupados com o que Ele quis dizer do que com as nossas próprias e suavizadas interpretações das Escrituras.

Ao lermos a Bíblia dispostos a enxergar as mensagens de Deus, ao invés das nossas, precisamos pedir que o Espírito Santo nos guie. Jesus nos prometeu que "o Espírito Santo [...] ensinará [...] todas as coisas" (João 14:26), mas o cuidado ao manejar a Palavra não para por aí.

Com a ajuda do Espírito Santo, precisamos ler a Bíblia inteira. Sabemos que "toda a Escritura Sagrada é inspirada por Deus" (2 Timóteo 3:16), porém alguns preconceitos podem nos levar a enfatizar determinadas partes e ignorar outras. Davi nos garantiu que "A lei do SENHOR é perfeita" (Salmo 19:7).

Nosso respeito pela Palavra de Deus deve sempre superar as ideias humanas a respeito da Bíblia, até mesmo as nossas! Davi afirmou: "Os ensinos do SENHOR são certos" (Salmo 19:8), portanto vamos confiar inteiramente em Sua Palavra, em vez de nos "embriagarmos" em nossos próprios pensamentos. —*Jennifer Benson Schuldt*

LEIA› Salmo 19:7-11

⁷ A lei do Senhor é perfeita e nos dá novas forças. Os seus conselhos merecem confiança e dão sabedoria às pessoas simples. ⁸ Os ensinos do Senhor são certos e alegram o coração. Os seus ensinamentos são claros e iluminam a nossa mente. ⁹ O temor ao Senhor é bom e dura para sempre. Os seus julgamentos são justos e sempre se baseiam na verdade. ¹⁰ Os seus ensinos são mais preciosos do que o ouro, até mesmo do que muito ouro fino. São mais doces do que o mel, mais doces até do que o mel mais puro. ¹¹ Senhor, os teus ensinamentos dão sabedoria a mim, teu servo, e eu sou recompensado quando lhes obedeço.

EXAMINE›

"...dá-me sabedoria para que eu possa conhecer os teus ensinamentos" (Salmo 119:125).

CONSIDERE›

Ao ler a Bíblia, você se preocupa com o significado ou o que Deus quis dizer? Quais preconceitos podem distorcer a sua visão sobre a Sua Palavra.

DIA 60

CRISTIANISMO CULTURAL

...quem crê no Filho tem a vida eterna; porém quem desobedece ao Filho nunca terá a vida eterna, mas sofrerá para sempre o castigo de Deus.
(João 3:36)

Todas as culturas têm valores que podem comprometer o evangelho. A igreja primitiva era platônica demais, a medieval aristotélica demais, a moderna iluminista demais e agora a igreja pós-moderna está se tornando muito pluralista. Uma pesquisa recente feita pelo Fórum Pew de Religião e Vida Pública constatou que 57 por cento das pessoas que frequentam as igrejas evangélicas acreditam que outras religiões podem conduzir à vida eterna.

Assim como reconhecemos facilmente onde a igreja primitiva lia Platão em suas Escrituras, da mesma forma as futuras gerações se surpreenderão com a nossa falta de percepção crítica ao permitimos que os valores culturais da diversidade e inclusão — válidos aos seus olhos — enfraquecessem a nossa fé.

Resistiremos, se lembrarmos de nossa crença contracultural em pecado original. Apesar de impopular no contexto pós-moderno, quase todas as denominações cristãs ensinam que nascemos culpados e contaminados pelo pecado de Adão. Paulo explicou: "O pecado entrou no mundo por meio de um só homem, e o seu pecado trouxe consigo a morte. Como resultado, a morte se espalhou por toda a raça humana porque todos pecaram" (Romanos 5:12).

Por sermos herdeiros da corrupção Jesus disse a um judeu, bom, como Nicodemos, que ele devia "nascer de novo" para "ver o Reino de Deus" (João 3:3). Quando lhe perguntaram como um novo nascimento seria possível, Jesus explicou que isto ocorre quando o Espírito Santo utiliza as verdades bíblicas do evangelho para transformar o nosso coração (João 3:5-18).

E assim Jesus declarou que Ele é o único caminho que leva ao Pai (João 14:6), Pedro anunciou: "A salvação só pode ser conseguida por meio dele" (Atos 4:12) e Paulo proclamou: "Como é bonito ver os mensageiros trazendo boas notícias!" (Romanos 10:15). Ao contrário do que um número cada vez maior de pessoas que frequentam as igrejas acredita, é necessário crer em Jesus para ser salvo. —*Mike Wittmer*

LEIA › João 3:27-33

²⁷ João respondeu: — Ninguém pode ter alguma coisa se ela não for dada por Deus. ²⁸ Vocês são testemunhas de que eu disse: "Eu não sou o Messias, mas fui enviado adiante dele." ²⁹ Num casamento, o noivo é aquele a quem a noiva pertence. O amigo do noivo está ali, e o escuta, e se alegra quando ouve a voz dele. Assim também o que está acontecendo com Jesus me faz ficar completamente alegre. ³⁰ Ele tem de ficar cada vez mais importante, e eu, menos importante. ³¹ Aquele que vem de cima é o mais importante de todos, e quem vem da terra é da terra e fala das coisas terrenas. Quem vem do céu é o mais importante de todos. ³² Ele fala daquilo que viu e ouviu, mas ninguém aceita a sua mensagem. ³³ Quem aceita a sua mensagem dá prova de que o que Deus diz é verdade.

EXAMINE ›

"Mas como é que as pessoas irão pedir, se não crerem nele? [...] E como poderão ouvir, se a mensagem não for anunciada?" (Romanos 10:14).

CONSIDERE ›

Você já foi ridicularizado por acreditar que Jesus é o único caminho para a salvação? De que forma a nossa cultura revela a necessidade de uma fé genuína?

DIA 61 〉〉〉〉〉〉〉〉〉〉

PALAVRAS DE VIDA

Não pensem que esta Lei não vale nada; pelo contrário, é ela que lhes dará vida. (Deuteronômio 32:47)

As palavras têm poder. Uma palavra indesejada pode ferir mais profundamente do que a dor física. Lembro nos tempos de colégio, quando meus traços físicos indesejáveis se tornaram objeto do ridículo.

Muitos de nós carregamos as palavras rudes, violentas ou degradantes de um pai, treinador ou amigo — ditas há muito tempo. Quem disse: "Paus e pedras podem quebrar meus ossos, mas palavras jamais vão me machucar" obviamente vivia em negação. Por outro lado, uma palavra boa, de esperança, pode ser um bálsamo de cura para os solitários ou feridos. Palavras sinceras podem tocar os lugares mais profundos da alma humana.

Sou atraído pelas palavras de Moisés ao povo de Israel, instruções sobre como viver na terra que Deus havia lhes dado e como manter-se fiéis ao Senhor. Na conclusão destas diretrizes abrangentes e detalhadas, Moisés acrescentou que eles deviam "[Pensar] bem em tudo o que lhes ensinei" (vv.45-46). Tais palavras não tinham a intenção de criar um regime frio e cheio de fórmulas. Não eram ordens estéreis, mas palavras do Criador feitas artesanalmente para habitar no rico solo do coração, no lugar onde o amor, a esperança e a vida são mais bem alimentados.

As palavras de Deus não eram bobagens, discurso prolixo sobre detalhes religiosos pedantes. Moisés afirmou que elas eram a própria vida de Israel. As palavras de Deus seriam como o ar que precisamos para respirar ou o alimento necessário para nutrir nosso corpo (Salmo 119:103). As palavras divinas lhes dariam significado e identidade, lhes diriam quem eram e os guiariam rumo à alegria e plenitude, dando-lhes direção para que "vivessem muitos anos na terra" (v.47).

As palavras de Deus farão o mesmo por nós. Ao escutar e obedecê-las, elas nos levarão em direção à vida, sempre em direção à vida. —*Winn Collier*

LEIA› Deuteronômio 32:45-47

⁴⁵ *Moisés acabou de ensinar ao povo de Israel toda a lei de Deus* ⁴⁶ *e então disse:*

— *Pensem bem em tudo o que lhes ensinei hoje e mandem que os seus filhos obedeçam a tudo o que está escrito nesta Lei de Deus.* ⁴⁷ *Não pensem que esta Lei não vale nada; pelo contrário, é ela que lhes dará vida. Se vocês obedecerem a esta Lei, viverão muitos anos na terra que estão para possuir no outro lado do rio Jordão.*

EXAMINE›

"Jesus respondeu:
— Eu sou o caminho, a verdade e a vida" (João 14:6).

CONSIDERE›

Como as palavras lhe impactaram — positiva e negativamente? Quais desafios estão diante de você e como a Palavra de Deus está lhe guiando para enfrentá-los?

DIA 62 >>>>>>>>>>

SEM MEDO

Por que será que o SENHOR Deus nos trouxe para esta terra? Nós vamos ser mortos na guerra, e as nossas mulheres e os nossos filhos vão ser presos. Seria bem melhor voltarmos para o Egito!
(Números 14:13)

As *Crônicas de Nárnia*, a série clássica de C. S. Lewis, dá vida aos elementos essenciais da fé e do amor em nosso relacionamento com aquele que nos amou primeiro. Uma terra presa à frigidez do inverno, Nárnia aguarda o fôlego de Aslam para poder se reanimar e reviver. Lucy, a mais nova dos quatro principais personagens no romance, demonstra confiança e perseverança. Porém, sua irmã mais velha, Susana, às vezes é mais medrosa e tímida. O medo, muitas vezes, também é meu companheiro infiel.

Onde estiver, o medo rouba. Leva-nos à autossuficiência em uma interminável ladainha de "e se". Inúmeras vezes, Deus supriu os filhos de Israel em sua jornada à Terra Prometida. Ainda assim, eles consideravam apenas as circunstâncias, ao invés de confiar na grandeza de seu Deus. Se aconselharam com o medo (Números 13:31-33) ao invés de confiar em Deus (13:30; 14:6-10). A consequência foi terrível. A provisão do dia anterior pode servir como um lembrete da fidelidade de Deus, mas a perambulação de Israel pelo deserto por 40 anos demonstra que confiar no Senhor é uma atitude diária.

O livro de 2 Timóteo 1:7 diz, "Pois o Espírito que Deus nos deu não nos torna medrosos; pelo contrário, o Espírito nos enche de poder e de amor e nos torna prudentes." O sacrifício de Jesus por nós na cruz removeu nossa necessidade de temer. Ao segui-lo, ganhamos a segurança e confiança de ter...

• O correto entendimento de Deus (Números 14:17-20).
• Absoluta confiança nele (Isaías 26:3-4).
• Uma vida crucificada (Romanos 6:4-6).

Assim como a salvação requer nossa submissão à cruz, devemos escolher andar na plenitude do imenso poder. Viver com medo é voltar ao "inverno" de nosso passado, esperando que o Pai nos dê algo que já é nosso (Lucas 12:32). —*Regina Franklin*

LEIA› Números 13:25-29 — 14:1-3

²⁵ *Depois de espionarem a terra quarenta dias,* ²⁶ *eles voltaram a Cades, no deserto de Parã, onde estavam Moisés, Arão e todo o povo de Israel. E contaram a eles e a todo o povo o que tinham visto e mostraram as frutas que haviam trazido da terra.* ²⁷ *Eles disseram a Moisés: — Nós fomos até a terra aonde você nos enviou. De fato, ela é boa e rica, como se pode ver por estas frutas.* ²⁸ *Mas os que moram lá são fortes, e as cidades são muito grandes e têm muralhas. Além disso, vimos ali os descendentes dos gigantes.* ²⁹ *Os amalequitas moram na região sul da terra. Os heteus, os jebuseus e os amorreus moram nas montanhas. Os cananeus vivem perto do mar Mediterrâneo e na beira do rio Jordão.* […]

¹ *Então, naquela noite, todo o povo gritou e chorou.* ² *Todos os israelitas reclamaram contra Moisés e Arão e disseram: — Seria melhor se tivéssemos morrido no Egito ou mesmo neste deserto!* ³ *Por que será que o S*ENHOR *Deus nos trouxe para esta terra? Nós vamos ser mortos na guerra, e as nossas mulheres e os nossos filhos vão ser presos. Seria bem melhor voltarmos para o Egito!*

EXAMINE›

"Deixo com vocês a paz. É a minha paz que lhes dou; não lhes dou a paz como o mundo a dá. Não fiquem aflitos, nem tenham medo" (João 14:27).

CONSIDERE›

Que tipo de medo você está enfrentando neste momento? Quais verdades da Palavra de Deus lhe ajudarão a libertar-se dessas amarras?

DIA 63)))))))))))

SERVINDO AOS OUTROS

Que ninguém procure somente os seus próprios interesses, mas também os dos outros.
(Filipenses 2:4)

João e Beatriz precisavam de ajuda. Eles já tinham suportado situações terríveis como a de João ter sido baleado por rebeldes em sua terra natal Libéria (ele quase morreu), anos em campos de refugiados infestados por doenças, e a morte de três de seus filhos devido aos combates na região.

Bruce Beakley, empresário cristão, retornava aos Estados Unidos, após ter sofrido uma cirurgia de substituição do quadril na Bélgica, quando conheceu o casal João e Beatriz no aeroporto. Movido pela situação deles, Bruce se tornou seu defensor — ajudando-os a se restabelecerem nos EUA e depois a se reunirem aos dois filhos que haviam sido detidos na Guiné Equatorial por três anos.

Bruce exemplificou o conselho de Paulo aos filipenses: "Que ninguém procure somente os seus próprios interesses, mas também os dos outros" (2:4). O apóstolo não estava lidando apenas com um casal aflito, mas com uma congregação enfrentando a perseguição (1:27-30). Mas muito semelhante ao exemplo de Bruce, Paulo instruiu seus irmãos cristãos a seguir o exemplo do Salvador e servir uns aos outros.

O exemplo do Salvador como servo humilde é maravilhosamente apresentado no antigo hino encontrado no livro de Filipenses 2:6-11. Viver de maneira que agrade a Jesus exige quatro atitudes:

- *Unidade em Jesus* — "...participam do Espírito de Deus..." (Filipenses 2:1).
- *Compartilhar de Seu amor* — "...viverem em harmonia..." (v.2).
- *Coração humilde* — "...considerem os outros superiores a vocês mesmos" (v.3).
- *Servindo os outros* — "Que ninguém procure somente os seus próprios interesses, mas também os dos outros" (v.4).

Bruce Beakley poderia ter ouvido educadamente a história do casal e depois ter retornado aos seus negócios como de costume. Em vez disso, escolheu ser humilde e expandir o amor de Deus (vv.2-3). Ele serviu. De que maneira você irá considerar os interesses dos outros hoje? Como você irá servir? —*Tom Felten*

LEIA › Filipenses 2:1-11

¹ Por estarem unidos com Cristo, vocês são fortes, o amor dele os anima, e vocês participam do Espírito de Deus. E também são bondosos e misericordiosos uns com os outros. ² Então peço que me deem a grande satisfação de viverem em harmonia, tendo um mesmo amor e sendo unidos de alma e mente. ³ Não façam nada por interesse pessoal ou por desejos tolos de receber elogios; mas sejam humildes e considerem os outros superiores a vocês mesmos. ⁴ Que ninguém procure somente os seus próprios interesses, mas também os dos outros. ⁵ Tenham entre vocês o mesmo modo de pensar que Cristo Jesus tinha: ⁶ Ele tinha a natureza de Deus, mas não tentou ficar igual a Deus. ⁷ Pelo contrário, ele abriu mão de tudo o que era seu e tomou a natureza de servo, tornando-se assim igual aos seres humanos. E, vivendo a vida comum de um ser humano, ⁸ ele foi humilde e obedeceu a Deus até a morte — morte de cruz. ⁹ Por isso Deus deu a Jesus a mais alta honra e pôs nele o nome que é o mais importante de todos os nomes, ¹⁰ para que, em homenagem ao nome de Jesus, todas as criaturas no céu, na terra e no mundo dos mortos, caiam de joelhos ¹¹ e declarem abertamente que Jesus Cristo é o Senhor, para a glória de Deus, o Pai.

EXAMINE ›

"Que o amor de vocês não seja fingido..." (Romanos 12:9).

CONSIDERE ›

De que maneira a vida de Jesus é o exemplo máximo do viver para os outros? O que o impede de considerar as necessidades dos outros?

DIA 64 »»»»»»»

FIRME DEVOÇÃO

Não vivam como vivem as pessoas deste mundo, mas deixem que Deus os transforme por meio de uma completa mudança da mente de vocês... (Romanos 12:2)

Em 605 a.C. o rei Nabucodonosor invadiu Jerusalém, e voltou para a Babilônia com os despojos da sua vitória. Trouxe os judeus de descendência real e nobre como reféns para garantir que Judá continuaria submissa à Babilônia (Daniel 2:1-3).

Daniel, Ananias, Misael e Azarias foram os quatro jovens judeus escolhidos para receber a educação babilônica (vv.4-6). Seriam reprogramados para "...aprender a língua e estudar os escritos dos babilônios" (1:4). O rei queria que eles pensassem, falassem e vivessem como os babilônios.

Os seus nomes judeus honravam o Senhor, os babilônicos não, e por isso receberam novos nomes. Um novo nome denota uma nova aliança (v.7). Daniel (Deus é meu juiz), por exemplo, foi mudado para Beltessazar (Bel, deus supremo dos babilônios, protege o rei) e Azarias (o Senhor é o meu auxílio) foi mudado para Abede-Nego (servo de Nebo). O rei queria que eles esquecessem e rejeitassem o Senhor.

Eles tinham uma vida de luxo e prazer — e se alimentavam da mesma comida do rei (Daniel 1:5). Nabucodonosor queria que vivessem voluptuosamente neste mundo material. Porém Daniel resolveu não ficar impuro (v.8). Além de recusar alimentos dedicados às divindades babilônias (Êxodo 34:15; 1 Coríntios 10:7,18-21), ele decidiu não assimilar a cultura.

Também vivemos num mundo que tenta moldar nossa maneira de pensar, falar, viver e adorar. Quer que esqueçamos que somos portadores do nome de Jesus, e nos seduz para construir altares aos deuses mundanos. Será que você, como Daniel, decidiu não se conformar? Você precisa ser transformado! Modifique o seu pensamento sobre este mundo (Romanos 12:2). Em Cristo, você é cidadão do céu (Filipenses 3:20; Hebreus 11:16; 13:14) e deve deixar as coisas do mundo para trás (João 15:19; Tiago 4:4). —*K. T. Sim*

EXAMINE>

João 17:14-18
1 Coríntios 6:14-18
1 Pedro 1:14-17

CONSIDERE>

Quais são algumas áreas da sua vida nas quais você se conformou aos valores do mundo? Como você vai abandonar estas buscas vazias?

LEIA> Daniel 1:1-8

¹ No terceiro ano de Jeoaquim como rei de Judá, o rei Nabucodonosor, da Babilônia, atacou Jerusalém, e os seus soldados cercaram a cidade. ² Deus deixou que Nabucodonosor conquistasse a cidade e também que pegasse alguns objetos de valor que estavam no Templo. Nabucodonosor levou esses objetos para a Babilônia e mandou colocá-los no templo do seu deus, na sala do tesouro. ³ O rei Nabucodonosor chamou Aspenaz, o chefe dos serviços do palácio, e mandou que escolhesse entre os prisioneiros israelitas alguns jovens da família do rei e também das famílias nobres. ⁴ Todos eles deviam ter boa aparência e não ter nenhum defeito físico; deviam ser inteligentes, instruídos e ser capazes de servir no palácio. E precisariam aprender a língua e estudar os escritos dos babilônios. ⁵ O rei mandou também que os jovens israelitas recebessem todos os dias a mesma comida e o mesmo vinho que ele, o rei, comia e bebia. Depois de três anos de preparo, esses jovens deviam começar o seu serviço no palácio. ⁶ Entre os que foram escolhidos estavam Daniel, Ananias, Misael e Azarias, todos da tribo de Judá. ⁷ Aspenaz lhes deu outros nomes, isto é, Beltessazar, Sadraque, Mesaque e Abede-Nego. ⁸ Daniel resolveu que não iria ficar impuro por comer a comida e beber o vinho que o rei dava; por isso, foi pedir a Aspenaz que o ajudasse a cumprir o que havia resolvido.

DIA 65 》》》》》》》》》》

CIDADANIA

*Mas nós somos cidadãos do céu
e estamos esperando ansiosamente
o nosso Salvador, o Senhor Jesus Cristo,
que virá de lá.* (Filipenses 3:20)

Onde está sua cidadania? Não estou perguntando se você é um cidadão naturalizado de seu país, nem se você é africano, francês, alemão. De acordo com a Bíblia, existem apenas duas cidadanias — a do mundo e a do Céu, o reino das trevas e o reino da luz. Em qual deles está a sua cidadania? A qual deles você pertence? Examine as questões propostas pelo reverendo Carl Haak em seu sermão de 1997, retoricamente intitulado "Nossa cidadania está no Céu".

O apóstolo Paulo anuncia com autoridade que todos os verdadeiros cristãos "[são] cidadãos do céu e [estão] esperando ansiosamente o nosso Salvador, o Senhor Jesus Cristo, que virá de lá. Ele transformará o nosso corpo fraco e mortal e o tornará igual ao seu próprio corpo glorioso" (Filipenses 3:20-21). "Ele nos libertou do poder da escuridão e nos trouxe em segurança para o Reino do seu Filho amado. É ele quem nos liberta, e é por meio dele que os nossos pecados são perdoados" (Colossenses 1:13-14).

Como declarou um comentarista: "A Bíblia considera a igreja como um posto avançado do Reino de Deus na terra." E o pastor Charles Spurgeon ilustrou o significado da cidadania celestial através do exemplo de um cidadão inglês vivendo nos Estados Unidos. "Apesar de viver nos Estados Unidos e ter seus negócios por lá, ainda assim ele é um forasteiro e não pertence àquela nação aflitiva." Como cidadãos do céu e "estrangeiros de passagem por este mundo" (1 Pedro 2:11), temos privilégios e responsabilidades. Também temos o dever de resplandecer a luz de Cristo, pois sabemos que refletimos o próprio reino celestial. —*Roxanne Robbins*

LEIA › Filipenses 3:12-21

¹² *Meus irmãos, eu quero que vocês saibam que as coisas que me aconteceram ajudaram, de fato, o progresso do evangelho.* ¹³ *Pois foi assim que toda a guarda do palácio do Governador e todas as outras pessoas daqui ficaram sabendo que estou na cadeia porque sou servo de Cristo.* ¹⁴ *E a maioria dos irmãos, vendo que estou na cadeia, tem mais confiança no Senhor. Assim eles têm cada vez mais coragem para anunciar a mensagem de Deus.* ¹⁵ *É verdade que alguns deles anunciam Cristo porque são ciumentos e briguentos; mas outros anunciam com boas intenções.* ¹⁶ *Estes fazem isso por amor, pois sabem que Deus me deu o trabalho de defender o evangelho.* ¹⁷ *Os outros não anunciam Cristo com sinceridade, mas por interesse pessoal. Eles pensam que assim aumentarão os meus sofrimentos enquanto estou na cadeia.* ¹⁸ *Mas isso não tem importância. O que importa é que Cristo está sendo anunciado, seja por maus ou por bons motivos. Por isso estou alegre e vou continuar assim.* ¹⁹ *Pois eu sei que, por meio das orações de vocês e com a ajuda do Espírito de Jesus Cristo, eu serei posto em liberdade.* ²⁰ *O meu grande desejo e a minha esperança são de nunca falhar no meu dever, para que, sempre e agora ainda mais, eu tenha muita coragem. E assim, em tudo o que eu disser e fizer, tanto na vida como na morte, eu poderei levar outros a reconhecerem a grandeza de Cristo.* ²¹ *Pois para mim viver é Cristo, e morrer é lucro.*

EXAMINE ›

"Agora, o mais importante é que vocês vivam de acordo com o evangelho de Cristo..." (Filipenses 1:27).

CONSIDERE ›

O que a cidadania celestial significa para você? De que maneira você pode refletir melhor o reino dos céus para os outros?

DIA 66))))))))))

CAMPO MISSIONÁRIO

conde estão eles? Não ficou ninguém para condenar você? [...] Pois eu também não condeno você.
Vá e não peque mais! (João 8:10-11)

As palavras de Adão ecoaram estranhamente pela sala como uma banda grunge em festival de polca, a expressão indecorosa pairava no ar como combustível queimado. Ele tinha acabado de usar um termo inadequado para descrever os homossexuais.

Achei realmente que a palavra escolhida por Adão fora ofensiva, mas parecia menos ofensiva por ele referir-se aos pecadores. Então, tudo bem, certo? Espere! Dá um tempo!

Minha amiga Pamela desafia ousadamente os cristãos que usam palavras depreciativas ao referir-se aos outros. E propositalmente pergunta: "Desde quando se tornou aceitável ofender um campo missionário? Como você acha que Jesus lidaria com isto? Como Ele enfrentaria esta situação?"

Certo dia um grupo de líderes religiosos de Jerusalém levou até Jesus uma mulher apanhada em ato de adultério (João 8:3-5). Eles não estavam preocupados com o bem-estar espiritual dela, queriam apenas ludibriá-lo e talvez matá-la. Jesus não concordava com qualquer dessas alternativas, e não a via como alvo de escárnio e julgamento, mas via a sua necessidade. E Ele disse aos seus acusadores: "Quem de vocês estiver sem pecado, que seja o primeiro a atirar uma pedra nesta mulher!" (v.7), e depois disse à mulher: "Vá e não peque mais!" (v.11).

Quando nós, como cristãos, recorremos a xingamentos perdemos o privilégio de representá-lo àquele mundo. É pouco provável que o vejam em meio à fumaça e a neblina do nosso linguajar frívolo, farisaico e até mesmo envolto em dardos de ódio.

Deus "não quer que ninguém seja destruído", (2 Pedro 3:9). Não ajudamos "determinados" pecadores a virem a Jesus se os insultamos com palavras em vez de compartilhar com eles as boas-novas do perdão de Deus através de Jesus Cristo. É uma lição que precisamos ter em mente ao lidarmos com as pessoas que fazem parte do nosso campo missionário. —*Tim Gustafson*

LEIA › João 8:1-11

¹ *[Depois todos foram para casa, mas Jesus foi para o monte das Oliveiras.* ² *De madrugada ele voltou ao pátio do Templo, e o povo se reuniu em volta dele. Jesus estava sentado, ensinando a todos.* ³ *Aí alguns mestres da Lei e fariseus levaram a Jesus uma mulher que tinha sido apanhada em adultério e a obrigaram a ficar de pé no meio de todos.* ⁴ *Eles disseram: — Mestre, esta mulher foi apanhada no ato de adultério.* ⁵ *De acordo com a Lei que Moisés nos deu, as mulheres adúlteras devem ser mortas a pedradas. Mas o senhor, o que é que diz sobre isso?* ⁶ *Eles fizeram essa pergunta para conseguir uma prova contra Jesus, pois queriam acusá-lo. Mas ele se abaixou e começou a escrever no chão com o dedo.* ⁷ *Como eles continuaram a fazer a mesma pergunta, Jesus endireitou o corpo e disse a eles: — Quem de vocês estiver sem pecado, que seja o primeiro a atirar uma pedra nesta mulher!* ⁸ *Depois abaixou-se outra vez e continuou a escrever no chão.* ⁹ *Quando ouviram isso, todos foram embora, um por um, começando pelos mais velhos. Ficaram só Jesus e a mulher, e ela continuou ali, de pé.* ¹⁰ *Então Jesus endireitou o corpo e disse: — Mulher, onde estão eles? Não ficou ninguém para condenar você?* ¹¹ *— Ninguém, senhor! — respondeu ela. Jesus disse: — Pois eu também não condeno você. Vá e não peque mais!]*

EXAMINE ›

Mateus 7:1-5
Romanos 2:1-4
Tiago 4:11-12

CONSIDERE ›

Você julga precipitadamente outras pessoas cujas tentações e lutas são diferentes das suas? Como Jesus demonstrou o conceito de amar o pecador e odiar o pecado?

DIA 67

COISAS DO CORAÇÃO

Recomende aos irmãos que respeitem as ordens dos que governam e das autoridades, que sejam obedientes e estejam prontos a fazer tudo o que é bom. (Tito 3:1)

Em 2008, Usain Bolt, o corredor jamaicano, estabeleceu recordes mundiais nas competições das Olimpíadas de Pequim. Com duas medalhas de ouro garantidas, sabia o que era preciso para vencer a terceira e última disputa, o revezamento 4x100m masculino. Bolt queria correr o primeiro quarto e "resolver a parada de uma vez por todas", mas os treinadores pensavam diferente. Optando por submeter-se à autoridade deles, Bolt correu o terceiro quarto, e garantiu a medalha de ouro à sua equipe, acrescentando mais um recorde mundial ao seu currículo impressionante.

A submissão, "rendição de alguém ao poder, controle ou governo de outra", não é uma inclinação natural para a maioria das pessoas. Muitos acham que sabem melhor, e se recusam a agir contra os seus sentimentos (Tito 3:3).

O teste definitivo de submissão para os cristãos, entretanto, não é se concordamos com o que se pede de nós, mas se está de acordo com a Palavra de Deus.

Infelizmente, na igreja de hoje, às vezes espiritualizamos nossa desobediência às Escrituras. Ofendidos por decisões da liderança seguimos outros caminhos e justificamos nossa resolução declarando obediência a orientação do Senhor. Podemos também alardear sobre nossa falta de respeito à autoridade no local de trabalho (Efésios 6:5-6), como se o ser "guiado pelo Espírito" justificasse nosso desrespeito. Tito 3:1 diz: "Recomende aos irmãos que respeitem as ordens dos que governam e das autoridades, que sejam obedientes e estejam prontos a fazer tudo o que é bom."

As Escrituras falam claramente contra o confiar na força da sabedoria humana (Provérbios 21:30; 1 Coríntios 2:5). Contudo, a verdade inegociável é esta: Deus estabeleceu a ordem e trabalha de maneiras inesperadas. A submissão às autoridades começa com a verdadeira confiança em Deus e Sua Palavra (Salmo 56:10-11). —*Regina Franklin*

LEIA › Tito 3:1-8

¹ *Recomende aos irmãos que respeitem as ordens dos que governam e das autoridades, que sejam obedientes e estejam prontos a fazer tudo o que é bom.* ² *Aconselhe que não falem mal de ninguém, mas que sejam calmos e pacíficos e tratem todos com educação.* ³ *Pois antigamente nós mesmos não tínhamos juízo e éramos rebeldes e maus. Éramos escravos das paixões e dos prazeres de todo tipo e passávamos a nossa vida no meio da malícia e da inveja. Os outros tinham ódio de nós, e nós tínhamos ódio deles.* ⁴ *Porém, quando Deus, o nosso Salvador, mostrou a sua bondade e o seu amor por todos,* ⁵ *ele nos salvou porque teve compaixão de nós, e não porque nós tivéssemos feito alguma coisa boa. Ele nos salvou por meio do Espírito Santo, que nos lavou, fazendo com que nascêssemos de novo e dando-nos uma nova vida.* ⁶ *Deus derramou com generosidade o seu Espírito Santo sobre nós, por meio de Jesus Cristo, o nosso Salvador.* ⁷ *E fez isso para que, pela sua graça, nós sejamos aceitos por Deus e recebamos a vida eterna que esperamos.* ⁸ *Esse ensinamento é verdadeiro.*

EXAMINE ›

"Obedeçam aos seus líderes [...] Se vocês obedecerem, eles farão o trabalho com alegria; mas, se vocês não obedecerem, eles trabalharão com tristeza, e isso não ajudará vocês em nada" (Hebreus 13:17).

CONSIDERE ›

O que lhe impede de respeitar os líderes? Qual a diferença entre obediência e submissão?

DIA 68 »»»»»»»»

MOMENTOS DE MEDITAÇÃO

Confio em Deus e o louvo pelo que ele tem prometido; confio nele e não terei medo de nada. (Salmo 56:4)

Durante um voo, uma senhora tirou da bolsa uma Bíblia novinha em folha — ainda embrulhada. Meu amigo, ao seu lado, apontou para o livro tão novo e observou: "essa é nova mesmo!"

A mulher sorriu e explicou que a sua antiga Bíblia, na bagagem de mão, estava "lotada". As anotações em tinta azul e as reflexões escritas nas margens tinham deixado pouco espaço e quase em pedaços. Por esta razão, ela tinha uma nova!

Obviamente, aquela senhora é alguém que, literalmente, se apega à Palavra de Deus. Ela me faz lembrar de Davi que escreveu: "Eu louvo a promessa de Deus, a promessa de Deus, o SENHOR" (Salmo 56:10). Davi escreveu esta canção para relatar a sua pavorosa experiência ao ser capturado pelos filisteus (Salmo 56:1; 1 Samuel 21:11-15). Ele precisou fingir que estava louco para escapar das garras dos seus inimigos. Porém Deus o confortou enquanto ele passava com segurança do cativeiro para a liberdade (Salmo 56:9). Tanto a proprietária da Bíblia cheia de anotações, que demonstrou a sua grande fé em Jesus, quanto Davi tinham um motivo em comum para apegar-se à Palavra de Deus: confiança. "Confio em Deus e o louvo pelo que ele tem prometido" (vv.4,11).

Pode ser que você não goste de escrever nas margens da sua Bíblia, mas espero que esteja investindo bem o seu tempo na Palavra. Sem esses momentos edificantes de meditação, observação e aplicação podemos ser deixados em devastação quando os tempos difíceis chegarem.

Enquanto celebrava a libertação divina das mãos dos filisteus, Davi escreveu: "Assim, ó Deus, eu ando na tua presença, eu ando na luz da vida" (v.13). As anotações à margem da página da Bíblia não surgem do acaso, nem tampouco a profunda confiança em Deus. Continue se expondo à luz edificante da Sua Palavra. (Salmo 119:105). —*Tom Felten*

LEIA › Salmo 56

*¹ Tem misericórdia de mim, ó Deus, pois estou sendo atacado por inimigos que estão sempre me perseguindo! ² O dia inteiro eles me atacam, e são muitos os que lutam contra mim. ³ Quando estou com medo, eu confio em ti, ó Deus Todo-Poderoso. ⁴ Confio em Deus e o louvo pelo que ele tem prometido; confio nele e não terei medo de nada. O que podem me fazer simples seres humanos? ⁵ O dia inteiro os meus inimigos me atrapalham nos meus negócios e só pensam em me prejudicar. ⁶ Eles se reúnem em lugares escondidos, olham o que estou fazendo e ficam esperando uma oportunidade para me matar. ⁷ Ó Deus, castiga-os por causa da sua maldade! Mostra a tua ira e derrota essa gente. ⁸ Tu sabes como estou aflito, pois tens tomado nota de todas as minhas lágrimas. Será que elas não estão escritas no teu livro? ⁹ Quando eu pedir a tua ajuda, os meus inimigos fugirão. Uma coisa eu sei: Deus está comigo. ¹⁰ Eu louvo a promessa de Deus, a promessa de Deus, o S*ENHOR*. ¹¹ Confio nele e não terei medo de nada. O que podem me fazer simples seres humanos? ¹² Ó Deus, eu te darei o que prometi, eu te darei a minha oferta de louvor ¹³ porque me salvaste da morte e não deixaste que eu fosse derrotado. Assim, ó Deus, eu ando na tua presença, eu ando na luz da vida.*

EXAMINE ›

Salmo 27:1
João 14:1
Hebreus 10:35

CONSIDERE ›

O que acontece com a sua confiança em Deus quando você negligencia a Bíblia? Como você aumentará o seu tempo de meditação em Sua Palavra?

DIA 69

CARPE DIEM

— Respeite o seu pai e a sua mãe, para que você viva muito tempo na terra que estou lhe dando. (Êxodo 20:12)

"*Carpe diem!* Aproveitem o dia! Tornem sua vida extraordinária!" recomendava insistentemente o professor de inglês John Keating no filme *Sociedade dos poetas mortos* (1989). Gosto do lema: *Carpe diem* (do latim, "Aproveite o dia"). Ele me incentiva a viver cada dia com plenitude, sem desperdiçar um momento sequer. Após assistir recentemente a um drama que retratava o relacionamento entre dois filhos na casa dos 30 anos e seu pai, adquiri um novo e mais amplo entendimento desta expressão.

Os filhos estavam "aproveitando o dia" em suas carreiras e relacionamentos. O pai estava sempre à disposição deles, providenciando uma boa refeição ou levando os netos ao colégio, até sofrer um derrame cerebral. Para os filhos pareceu tão repentino. Não houve sintomas anteriores — nenhuma mudança que tivessem percebido. Enquanto o pai estava em coma, eles perceberam que consideravam o pai como alguém sempre disponível. Não estavam "aproveitando o dia" em seu relacionamento com ele.

Ao lermos Eclesiastes 12:1-5, somos propensos a concentrar nossa atenção nas razões para nos lembrarmos do nosso Criador enquanto somos jovens. Podemos deixar de perceber que ele descreve a deterioração que surge com a idade — para nossos pais (e para nós). Um dia as pernas deles começarão a tremer, os ombros se curvarão para frente, os dentes deixarão de mastigar e a visão ficará embaçada (v.3). Um dia a energia deles diminuirá. Não mais veremos a costumeira vivacidade dos seus passos ou o prazer que tinham ao executar uma tarefa (vv.4-5).

As oportunidades para honrarmos nossos pais têm um tempo limitado. Um dia, como observou o sábio rei Salomão em Eclesiastes 12:5: "[estarão] caminhando para o [seu] último descanso." Se os seus pais ainda estiverem vivos, honre-os hoje. *Carpe diem.* —*Poh Fang Chia*

LEIA› Eclesiastes 12:1-5

¹ *Lembre do seu Criador enquanto você ainda é jovem, antes que venham os dias maus e cheguem os anos em que você dirá: "Não tenho mais prazer na vida."* ² *Lembre dele antes que chegue o tempo em que você achará que a luz do sol, da lua e das estrelas perdeu o seu brilho e que as nuvens de chuva nunca vão embora.* ³ *Então os seus braços, que sempre o defenderam, começarão a tremer, e as suas pernas, que agora são fortes, ficarão fracas. Os seus dentes cairão, e sobrarão tão poucos, que você não conseguirá mastigar a sua comida. A sua vista ficará tão fraca, que você não poderá mais ver as coisas claramente.* ⁴ *Você ficará surdo e não poderá ouvir o barulho da rua. Você quase não conseguirá ouvir o moinho moendo ou a música tocando. E levantará cedo, quando os passarinhos começam a cantar.* ⁵ *Então você terá medo de lugares altos, e até caminhar será perigoso. Os seus cabelos ficarão brancos, e você perderá o gosto pelas coisas. Nós estaremos caminhando para o nosso último descanso; e, quando isso acontecer, haverá gente chorando por nossa causa nas ruas.*

EXAMINE›

"...mesmo que você viva muitos anos, lembre que ficará morto durante muito mais tempo" (Eclesiastes 11:8).

CONSIDERE›

Como você pode "aproveitar o dia" com seus pais e avôs? De que maneira você os tratará hoje?

DIA 70

VENHA!

— Venham ver! — disse Jesus […] e ficaram com ele o resto daquele dia... (João 1:39)

Na aula de evangelismo na igreja, o instrutor perguntou: "Como você apresentaria Jesus a um não-cristão? Apresentaria como alguém que soluciona todos os nossos problemas ou como alguém que nos dá uma saudável autoestima e felicidade?" Boas perguntas!

Ao apresentar Jesus aos seus dois discípulos, João Batista o descreve como o "Cordeiro de Deus, que tira o pecado do mundo" (1:29,36). João nos lembra que nosso problema básico é o pecado e que a nossa necessidade básica é a salvação. Jesus morreu pelos nossos pecados.

Os discípulos imediatamente seguiram a Jesus (v.37). E Jesus lhes fez uma simples pergunta: "O que é que vocês estão procurando?" (v.38). Você pediria a Jesus boa saúde? Um emprego melhor? Um casamento mais feliz? Mais dinheiro?

Os discípulos fizeram uma pergunta um tanto estranha: "onde é que o senhor mora?" (v.38). Não estavam perguntando pelo local onde Jesus residia. Na verdade, o que estavam dizendo era: Queremos passar um tempo contigo! Não estavam buscando algo para si mesmos. Buscavam o próprio Jesus. Venham ver. Os dois discípulos passaram o dia com Jesus (v.39). Exemplificaram para nós as exigências e o privilégio do discipulado — investir tempo com Jesus.

Muitas vezes perdemos a oportunidade de investir tempo com o nosso Salvador porque estamos buscando algo além da Sua presença. Será que ansiamos mais pelo Doador do que pelas dádivas? Precisamos orar como Richard of Clichester: "Misericordiosíssimo Redentor, que eu possa conhecê-lo mais claramente, amá-lo mais afetuosamente, segui-lo mais de perto, dia após dia."

Precisamos investir mais tempo com Jesus porque desejamos conhecê-lo intimamente. De modo algum poderemos compartilhar a respeito dele com os outros se não o conhecemos verdadeiramente. —*K. T. Sim*

LEIA› João 1:35-42

³⁵ *No dia seguinte, João estava outra vez ali com dois dos seus discípulos.* ³⁶ *Quando viu Jesus passar, disse: — Aí está o Cordeiro de Deus!* ³⁷ *Quando os dois discípulos de João ouviram isso, saíram seguindo Jesus.* ³⁸ *Então Jesus olhou para trás, viu que eles o seguiam e perguntou: — O que é que vocês estão procurando? Eles perguntaram: — Rabi, onde é que o senhor mora? ("Rabi" quer dizer "mestre".)* ³⁹ *— Venham ver! — disse Jesus. Então eles foram, viram onde Jesus estava morando e ficaram com ele o resto daquele dia. Isso aconteceu mais ou menos às quatro horas da tarde.* ⁴⁰ *André, irmão de Simão Pedro, era um dos dois homens que tinham ouvido João falar a respeito de Jesus e por isso o haviam seguido.* ⁴¹ *A primeira coisa que André fez foi procurar o seu irmão Simão e dizer a ele: — Achamos o Messias. ("Messias" quer dizer "Cristo".)* ⁴² *Então André levou o seu irmão a Jesus. Jesus olhou para Simão e disse: — Você é Simão, filho de João, mas de agora em diante o seu nome será Cefas. ("Cefas" é o mesmo que "Pedro" e quer dizer "pedra".)*

EXAMINE›

Salmo 27:4
Salmo 42:1-2
Salmo 73:24-28

CONSIDERE›

Na semana passada você investiu seu tempo com Jesus, falando com Ele e ouvindo Sua Palavra? O que você aprendeu com Ele? O que você aprendeu dele e que agora pode compartilhar com os outros?

DIA 71

PECADOS ACEITÁVEIS

Por que é que você vê o cisco que está no olho do seu irmão e não repara na trave de madeira que está no seu próprio olho?
(Mateus 7:3)

Anos atrás, li a história de um casal que saiu do cinema durante a projeção do filme *Milk — A voz da igualdade*, enojados após ver um ator representar um ex-político homossexual, beijando outro homem. Pediram o reembolso na bilheteria. O funcionário sugeriu que trocassem seus ingressos para outro filme prestes a começar — *A Troca*. Avisou-os, porém, que este continha cenas de assassinatos em série, de crianças. A mulher pensou por um momento, virou-se para o marido e disse: "Tudo bem".

Não sei se o casal era cristão e queria posicionar-se contra a homossexualidade, ou conservadores que acharam impalatável o enredo de *Milk*. De qualquer maneira, suas ações refletem a hipocrisia vivida por um grande número de pessoas. Enfurecidos com alguns pecados, aceitamos outros cegamente — um beijo homossexual na tela é um ultraje; um filme mostrando violência contra crianças é "tudo bem".

Inconscientemente, muitos cristãos adotaram a lista de pecados "aceitáveis" e "inaceitáveis". Somos rápidos em declarar que homossexuais, adúlteros e idólatras não entrarão no reino (1 Coríntios 6:9), mas não vemos que os gananciosos também não (v.10) — atitude que provavelmente descreve muitos de nós. Podemos ser propensos a reclamar e argumentar, não reconhecendo que é errado fazer isso (Filipenses 2:14). Poucos de nós falarão sobre o pecado da glutonaria na fila do bufê do restaurante (Provérbios 23:20). E, quando nos preocupamos, não enxergamos isso como falta de confiança em Deus (Mateus 6:25-34).

O apóstolo Pedro encorajou o seu rebanho a livrar-se de todo comportamento mau, incluindo a hipocrisia (1 Pedro 2:1). Que Jesus abra os nossos olhos para ver os pecados "aceitáveis" que não estamos vendo, mesmo quando nos enfurecemos contra os pecados "inaceitáveis" dos outros. —*Sheridan Voysey*

LEIA› Mateus 7:1-5

¹ *— Não julguem os outros para vocês não serem julgados por Deus.* ² *Porque Deus julgará vocês do mesmo modo que vocês julgarem os outros e usará com vocês a mesma medida que vocês usarem para medir os outros.* ³ *Por que é que você vê o cisco que está no olho do seu irmão e não repara na trave de madeira que está no seu próprio olho?* ⁴ *Como é que você pode dizer ao seu irmão: "Me deixe tirar esse cisco do seu olho", quando você está com uma trave no seu próprio olho?* ⁵ *Hipócrita! Tire primeiro a trave que está no seu olho e então poderá ver bem para tirar o cisco que está no olho do seu irmão.*

EXAMINE›

Lucas 6:42;12:1-3
1 João 1:9

CONSIDERE›

Quais pecados você trata como aceitáveis? Qual pecado o Espírito Santo está incomodando você a confessar hoje?

DIA 72 »»»»»»»

INTERRUPÇÕES

— Não tenha medo; tenha fé!
(Marcos 5:36)

Aproximando-se o prazo final de entrega de um trabalho, foi difícil encontrar tempo para escrever meus artigos este mês. Senti a vontade de colocar um sinal "Não Me Perturbe". Embora tentasse reservar tempo para pensar e escrever, isso não aconteceu. Fui bombardeado com e-mails que exigiam minha atenção ou a necessidade de discutir projetos específicos com um colega.

Interrupções. Como devemos lidar com elas? Jesus conhecia tudo sobre interrupções. Um dia, logo após chegar à praia da Galileia, um homem perturbado em apuros saudou-o com uma súplica urgente. Jairo implorou a Jesus que o seguisse rapidamente. Sua filha estava morrendo e ele queria que Jesus a curasse (Marcos 5:22). Enquanto abriam caminho na multidão para chegar até a casa de Jairo, Jesus repentinamente percebeu que "dele saíra poder" (v.30).

Para os discípulos, essa interrupção era indesejada. A reação deles demonstrava sua frustração, e disseram: "O senhor está vendo como esta gente o está apertando de todos os lados e ainda pergunta isso?" (v.31). Mas Jesus, cheio de compaixão, dedicou tempo para dar Sua atenção a uma mulher sofredora. Sua doença a tornara cerimonialmente impura (Levítico 15:25-27) e ela não podia participar da vida da comunidade havia 12 anos! Jesus olhou nos olhos daquela mulher e assegurou-lhe: "Minha filha, você sarou porque teve fé. Vá em paz; você está livre do seu sofrimento" (Marcos 5:34).

A filha de Jairo morreu enquanto Jesus estava ocupado ajudando a mulher.

Era tarde demais — ou assim parecia. A interrupção indesejada permitiu a Jairo obter um conhecimento ainda mais profundo de Jesus e do Seu poder — poder até mesmo sobre a morte!

Quando sua agenda for interrompida, confie em Deus e no Seu poder. Ele o ajudará a cumprir tudo o que precisa ser feito. *—Poh Fang Chia*

LEIA Marcos 5:22-42

²² Um homem chamado Jairo, chefe da sinagoga, foi e se jogou aos pés de Jesus, ²³ pedindo com muita insistência: — A minha filha está morrendo! Venha comigo e ponha as mãos sobre ela para que sare e viva! ²⁴ E Jesus foi com ele. Uma grande multidão foi junto e o apertava de todos os lados. ²⁵ Chegou ali uma mulher que fazia doze anos que estava com uma hemorragia. ²⁶ Havia gastado tudo o que tinha, tratando-se com muitos médicos. Estes a fizeram sofrer muito; mas, em vez de melhorar, ela havia piorado cada vez mais. ²⁷ Ela havia escutado falar de Jesus; então entrou no meio da multidão e, chegando por trás dele, tocou na sua capa, ²⁸ pois pensava assim: "Se eu apenas tocar na capa dele, ficarei curada." ²⁹ Logo o sangue parou de escorrer, e ela teve certeza de que estava curada. ³⁰ No mesmo instante Jesus sentiu que dele havia saído poder. Então virou-se no meio da multidão e perguntou: — Quem foi que tocou na minha capa? ³¹ Os discípulos responderam: — O senhor está vendo como esta gente o está apertando de todos os lados e ainda pergunta isso? ³² Mas Jesus ficou olhando em volta para ver quem tinha feito aquilo. ³³ Então a mulher, sabendo o que lhe havia acontecido, atirou-se aos pés dele, tremendo de medo, e contou tudo. ³⁴ E Jesus disse: — Minha filha, você sarou porque teve fé. Vá em paz; você está livre do seu sofrimento. ³⁵ Jesus ainda estava falando, quando chegaram alguns empregados da casa de Jairo e disseram: — Seu Jairo, a menina já morreu. Não aborreça mais o Mestre. ³⁶ Mas Jesus não se importou com a notícia e disse a Jairo: — Não tenha medo; tenha fé! ³⁷ Jesus deixou que fossem com ele Pedro e os irmãos Tiago e João, e ninguém mais. ³⁸ Quando entraram na casa de Jairo, Jesus encontrou ali uma confusão geral, com todos chorando alto e gritando. ³⁹ Então ele disse: — Por que tanto choro e tanta confusão? A menina não morreu; ela está dormindo. ⁴⁰ Então eles começaram a caçoar dele. Mas Jesus mandou que todos saíssem e, junto com os três discípulos e os pais da menina, entrou no quarto onde ela estava. ⁴¹ Pegou-a pela mão e disse: — "Talitá cumi!" (Isto quer dizer: "Menina, eu digo a você: Levante-se!") ⁴² No mesmo instante, a menina, que tinha doze anos, levantou-se e começou a andar. E todos ficaram muito admirados.

EXAMINE

Provérbios 3:27-28
Lucas 10:30-37

CONSIDERE

Você pode ser mais semelhante a Cristo no modo como lida com interrupções? De que maneira Deus se revelou através de interrupções em sua vida?

DIA 73

ALTARES PESSOAIS

Agora vamos construir uma cidade que tenha uma torre que chegue até o céu. Assim ficaremos famosos e não seremos espalhados pelo mundo inteiro. (Gênesis 11:4)

Toda sexta-feira à noite nos reunimos para compartilhar, ler a Bíblia e orar. Somos uma turma diversificada, composta por um matemático, uma musicista, um advogado, um palestrante e até mesmo um ativista político amador. Recentemente lemos a história da Torre de Babel e nos surpreendemos com a motivação dos construtores. Dizem que a torre foi feita porque estes homens e mulheres buscavam a "fama". Ao construírem o gigantesco monumento em forma de pirâmide cheio de degraus, os orgulhosos criadores dominariam o mundo e tornariam seus nomes conhecidos (Gênesis 11:4).

Tais intenções presunçosas não combinam com Deus e tal atitude causou problemas para o futuro da Terra. Se os seres humanos pudessem dominá-la, a rebeldia só aumentaria. Deus confundiu as línguas e acabou com a vã tentativa de glória pessoal.

Nossa geração caminha perigosamente em busca da fama, como Babel. Uma pesquisa recente descobriu que a fama é o segundo maior desejo dos jovens entre 18 e 25 anos (depois das riquezas). Graças aos *blogs*, *YouTube* e *Facebook* temos diversas ferramentas para contar ao mundo quem somos.

Deus tem algo maior para nós do que a busca trivial por construir a própria fama. É um mundo (reino) do qual desfrutamos quando o Seu nome é nossa maior paixão (Deuteronômio 6:5).

O meu grupo de sexta-feira à noite se debateu com esta verdade por algum tempo. Como nossa musicista poderia resistir à tentação de "construir uma boa reputação?" Ou o matemático, uma vez que ter seu nome publicado em artigos de pesquisa é fundamental para o sucesso profissional?

Percebemos que duas coisas nos ajudam a ser bem-sucedidos em Jesus: adoração e serviço. Quando nossa vida e carreiras são entregues como ofertas a Deus, evitamos a tentação de edificar altares pessoais até o céu. —*Sheridan Voysey*

LEIA › Gênesis 11:1-9

¹ *Naquele tempo todos os povos falavam uma língua só, todos usavam as mesmas palavras.* ² *Alguns partiram do Oriente e chegaram a uma planície em Sinar, onde ficaram morando.* ³ *Um dia disseram uns aos outros: — Vamos, pessoal! Vamos fazer tijolos queimados! Assim, eles tinham tijolos para construir, em vez de pedras, e usavam piche, em vez de massa de pedreiro.* ⁴ *Aí disseram: — Agora vamos construir uma cidade que tenha uma torre que chegue até o céu. Assim ficaremos famosos e não seremos espalhados pelo mundo inteiro.* ⁵ *Então o Senhor desceu para ver a cidade e a torre que aquela gente estava construindo.* ⁶ *O Senhor disse assim: — Essa gente é um povo só, e todos falam uma só língua. Isso que eles estão fazendo é apenas o começo. Logo serão capazes de fazer o que quiserem.* ⁷ *Vamos descer e atrapalhar a língua que eles falam, a fim de que um não entenda o que o outro está dizendo.* ⁸ *Assim, o Senhor os espalhou pelo mundo inteiro, e eles pararam de construir a cidade.* ⁹ *A cidade recebeu o nome de Babel, pois ali o Senhor atrapalhou a língua falada por todos os moradores da terra e dali os espalhou pelo mundo inteiro.*

EXAMINE ›

"...as pessoas que têm a mente controlada pela natureza humana se tornam inimigas [...] não obedecem à lei de Deus e [...] não podem obedecer a ela. [...] não podem agradar a Deus" (Romanos 8:7-8).

CONSIDERE ›

Quanto você se desgasta para "construir uma boa reputação"? De que maneira você dedicará sua vida e seu trabalho a Deus e aos outros hoje?

DIA 74

FEITO PELA FÉ

Na minha pregação a vocês eu fiz uma descrição perfeita da morte de Jesus Cristo na cruz; por assim dizer, vocês viram Jesus na cruz.
(Gálatas 3:1)

O que acontece quando você escolhe 13 não-cristãos e os faz viver conforme as instruções bíblicas por três semanas? O reality-show britânico *Make me a Christian* (Torne-me um Cristão) tentou responder essa pergunta.

Entre os competidores incluíam-se: um ciclista ateísta e uma professora primária lésbica. Eles foram mentoreados por quatro clérigos: um anglicano, um católico, um evangélico e um pentecostal.

Apesar da bizarra estratégia para apresentar Jesus aos não-cristãos, alguns competidores afirmaram que pretendiam "aprender mais sobre o cristianismo." O apóstolo Paulo proferiu palavras duras aos gálatas que tentaram "se tornar cristãos" através das obras (Gálatas 3), e lhes fez quatro perguntas:

1. *Vocês receberam o Espírito Santo pela obediência às leis de Moisés?* (3:2). A resposta era não, pois a habitação do Espírito Santo vem pela fé.
2. *Por que vocês tentam se tornar perfeitos através do próprio esforço?* (v.3). Os gálatas seguiam estupidamente as orientações dos judaizantes que lhes diziam que eles poderiam progredir espiritualmente através das obras e fatores externos, não pela graça e pelo trabalho do Espírito Santo em nós.
3. *Vocês enfrentaram tantas dificuldades por nada?* (v.4). O povo de Paulo havia sido perseguido por causa da sua fé alicerçada na graça. Se tivessem voltado a seguir a Lei Mosaica, negando a graça, teriam sofrido por nada.
4. *Deus lhes dá o Espírito Santo e realiza milagres entre vocês porque obedecem à lei?* (v.5). A resposta dele: "É claro que não!" Os milagres não eram da lei, mas se referiam ao ouvir, que conduz à fé.

Às vezes, podemos perder de vista o fundamento de nossa própria fé, e achar que ela se fundamenta na prática do que é correto. A verdade? Nossa fé flui da maravilhosa graça divina. Somente Deus pode tornar alguém cristão. —*Tom Felten*

LEIA › Gálatas 3:1-6

¹ *Ó gálatas sem juízo! Quem foi que enfeitiçou vocês? Na minha pregação a vocês eu fiz uma descrição perfeita da morte de Jesus Cristo na cruz; por assim dizer, vocês viram Jesus na cruz.* ² *Respondam somente isto: vocês receberam o Espírito de Deus por terem feito o que a lei manda ou por terem ouvido a mensagem do evangelho e terem crido nela?* ³ *Como é que vocês podem ter tão pouco juízo? Vocês começaram a sua vida cristã pelo poder do Espírito de Deus e agora querem ir até o fim pelas suas próprias forças?* ⁴ *Será que as coisas pelas quais vocês passaram não serviram para nada? Não é possível!* ⁵ *Será que, quando Deus dá o seu Espírito e faz milagres entre vocês, é porque vocês fazem o que a lei manda? Não será que é porque vocês ouvem a mensagem e creem nela?* ⁶ *Lembrem do que as Escrituras Sagradas dizem a respeito de Abraão: "Ele creu em Deus, e por isso Deus o aceitou."*

EXAMINE ›

"Pois pela graça de Deus vocês são salvos por meio da fé. Isso não vem de vocês, mas é um presente dado por Deus" (Efésios 2:8).

CONSIDERE ›

Por que é tão importante enxergar a salvação como uma dádiva da graça divina? Onde se encaixam as boas obras na vivência da nossa fé em Jesus?

DIA 75 〉〉〉〉〉〉〉〉〉〉〉

CORAÇÃO ENDURECIDO

*No entanto, como o S*ENHOR *tinha dito, o rei continuou teimando e não atendeu o pedido de Moisés e Arão.*
(Êxodo 7:13)

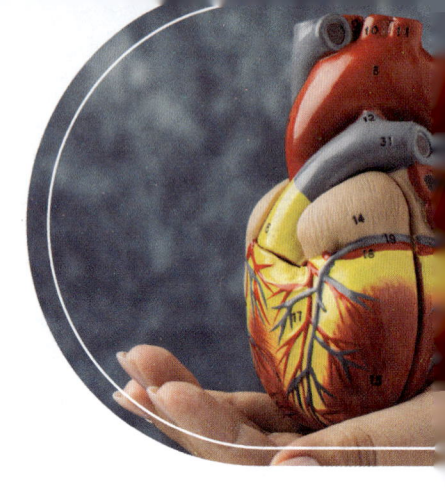

O coração é um órgão impressionante. Ele bombeia continuamente oxigênio e sangue rico em nutrientes pelos nossos corpos para manter a vida. Esta casa de força de primeira classe bate 100 mil vezes por dia e movimenta mais de sete litros e meio de sangue diariamente. O coração espiritual também é uma obra de arte. Ele pode ser amolecido pelo toque de Deus e também ser duro como a pedra ao ouvir a Sua voz.

A Bíblia apresenta pelo menos quatro sintomas de um coração endurecido:

- Quando alguém se coloca fortemente contra uma obra almejada por Deus. Deus desejava a liberdade do Seu povo, porém o Faraó os manteve como escravos no Egito. Não menos de dez vezes a Bíblia diz que o Faraó endureceu seu coração e não deixava o povo de Deus ir (Êxodo 7:13-22; 8:19).
- Quando alguém tem atitude crítica em relação a Deus e Sua obra. Em Êxodo 17:1-7, o povo de Deus reclamou e argumentou contra Deus e Sua liderança. Eles não confiavam que o Deus que os libertara era o mesmo que os alimentaria.
- Quando as pessoas são descuidadas em relação às outras (Deuteronômio 15:7-8). Tiago (2:15-16) e João (1 João 3:17) lembraram seus ouvintes que a verdadeira fé olha ao redor para ver e satisfazer as necessidades práticas dos outros.
- Quando há falta de compreensão da obra de Deus no mundo. Em vez de os líderes religiosos se alegrarem com a obra de Deus através de Jesus quando Ele curou o homem com a mão deformada, eles o criticaram por curar no sábado (Marcos 3:1-6).

Se você conhece alguém com um coração endurecido, ore para que Deus entre e substitua os caminhos confusos pela Sua graça. Ore também para que Deus continue a amolecer o seu coração. Ele pode transformar um coração endurecido em caloroso e aberto à Sua sabedoria que traz vida. —*Marvin Williams*

LEIA › Êxodo 7:1-13

¹*Então o S*ENHOR *Deus disse a Moisés: — Vou fazer com que você seja como Deus para o rei; e Arão, o seu irmão, falará por você como profeta.* ² *Você dirá a Arão tudo o que eu mandar, e ele falará com o rei, pedindo que deixe os israelitas saírem da terra dele.* ³ *Mas eu vou fazer com que o rei fique teimoso e farei muitos milagres e coisas espantosas no Egito.* ⁴ *O rei não vai ouvir vocês. Porém eu farei com que caia sobre ele um castigo terrível e levarei para fora do Egito os meus exércitos, isto é, o povo de Israel.* ⁵ *Quando eu levantar a mão contra os egípcios e tirar do meio deles os israelitas, os egípcios ficarão sabendo que eu sou o S*ENHOR. ⁶ *Moisés e Arão fizeram tudo como o S*ENHOR *havia mandado.* ⁷ *Quando falaram com o rei do Egito, Moisés tinha oitenta anos, e Arão, oitenta e três.* ⁸ *O S*ENHOR *Deus disse a Moisés e a Arão:* ⁹*— Se o rei do Egito mandar que vocês façam um milagre, você, Moisés, dirá a Arão que pegue o bastão e o jogue no chão na frente do rei. O bastão virará uma cobra.* ¹⁰ *Aí Moisés e Arão foram se encontrar com o rei e fizeram como o S*ENHOR *havia mandado. Arão jogou o bastão diante do rei e dos seus funcionários, e o bastão virou uma cobra.* ¹¹ *Então o rei mandou vir os sábios e os mágicos, e com a sua mágica eles fizeram a mesma coisa.* ¹² *Cada um deles jogou a sua vara de mágico no chão, e elas viraram cobras. Porém o bastão de Arão engoliu as varas de mágico deles.* ¹³ *No entanto, como o S*ENHOR *tinha dito, o rei continuou teimando e não atendeu o pedido de Moisés e Arão.*

EXAMINE ›

Salmo 51:7
Ezequiel 11:19

CONSIDERE ›

Que sintoma de um coração endurecido você está sentindo neste momento? O que precisa fazer para permitir que Deus amoleça o seu coração?

DIA 76 >>>>>>>>>>>

O QUE FOR PRECISO

...ele [José] escapou e correu para fora, deixando a capa nas mãos dela.
(Gênesis 39:12)

Na Indonésia foi solicitado que alguns de seus moradores acrescentassem um acessório de moda ao seu guarda-roupa — um cadeado. Explico: Para inibir a prostituição que às vezes ocorre em casas de massagens, as massagistas foram incentivadas a usar cadeado na cintura da calça.

Apesar da ideia parecer medieval, relembra que a imoralidade não é opção. Sendo cristãos devemos refletir a mesma mensagem em nossa vida, pois "Deus não nos chamou para vivermos na imoralidade, mas para sermos completamente dedicados a ele" (1 Tessalonicenses 4:7).

O compromisso de José era viver uma vida pura, apesar das investidas sexuais da esposa do seu patrão. Primeiro, o servo esforçado e atraente tentou se defender confrontando-a com a realidade: "— Escute! [...] Ele [Potifar] me pôs como responsável por tudo o que tem. Nesta casa eu mando tanto quanto ele. Aqui eu posso ter o que quiser, menos a senhora, pois é mulher dele. Sendo assim, como poderia eu fazer uma coisa tão imoral e pecar contra Deus?" (Gênesis 39:8-9).

Embora José tenha se recusado cometer adultério, a sra. Potifar o desejava. Sabiamente ele "...evitava estar perto dela" (v.10). Como ele, precisamos evitar situações nas quais a sedução ameaça nossa pureza.

Quando a tentação se aproximar devemos fugir "da imoralidade sexual!" (1 Coríntios 6:18). José agiu assim quando a esposa de Potifar se jogou em cima dele em local privado. Ele "escapou e correu para fora..." (v.12). Ele abriu mão da sua reputação, emprego e status para honrar a Deus, abstendo-se do pecado sexual. Como ele, precisamos valorizar a pureza, deixando para trás namoros doentios, determinados sites na Internet e até mesmo abandonar antigos estilos de vida, tudo que nos leva a viver uma vida impura. Como cristãos devemos nos dispor a fazer o que for preciso. —*Jennifer Benson Schuldt*

LEIA› Gênesis 39:6-12

⁶ *Potifar entregou nas mãos de José tudo o que tinha e não se preocupava com nada, a não ser com a comida que comia. José era um belo tipo de homem e simpático.* ⁷ *Algum tempo depois, a mulher do seu dono começou a cobiçar José. Um dia ela disse: — Venha, vamos para a cama.* ⁸ *Ele recusou, dizendo assim: — Escute! O meu dono não precisa se preocupar com nada nesta casa, pois eu estou aqui. Ele me pôs como responsável por tudo o que tem.* ⁹ *Nesta casa eu mando tanto quanto ele. Aqui eu posso ter o que quiser, menos a senhora, pois é mulher dele. Sendo assim, como poderia eu fazer uma coisa tão imoral e pecar contra Deus?* ¹⁰ *Todos os dias ela insistia que ele fosse para a cama com ela, mas José não concordava e também evitava estar perto dela.* ¹¹ *Mas um dia, como de costume, ele entrou na casa para fazer o seu trabalho, e nenhum empregado estava ali.* ¹² *Então ela o agarrou pela capa e disse: — Venha, vamos para a cama. Mas ele escapou e correu para fora, deixando a capa nas mãos dela.*

EXAMINE›

"O que Deus quer de vocês é isto: que sejam completamente dedicados a ele e que fiquem livres da imoralidade" (1 Tessalonicenses 4:3).

CONSIDERE›

O que você tem feito para manter-se puro? Quais os benefícios da pureza sexual?

DIA 77 〉〉〉〉〉〉〉〉〉〉〉

NOSSO CANTO NO MUNDO

Portanto, sempre que pudermos, devemos fazer o bem a todos, especialmente aos que fazem parte da nossa família na fé. (Gálatas 6:10)

Um episódio de seriado conta a história de um piloto de helicóptero que gerenciava um negócio paralelo; vendia ferro-velho no mercado não oficial. Ele pagava uma ninharia às crianças coreanas para que estas recolhessem o metal dos campos de batalha infestados de minas terrestres. Ao recolherem, muitas crianças se feriam e eram mutiladas.

Um cirurgião do exército, que tratou alguns garotos feridos, descobriu o negócio e indignou-se. Ele internou o piloto, indefinidamente, por razões médicas desconhecidas. Frustrado, o ganancioso piloto perguntou ao doutor se ele queria salvar o mundo. O médico sorriu e respondeu: "Não, só o meu cantinho."

Que maneira positiva de enxergar o ato de ajudar os necessitados ao nosso redor. Faz-me lembrar um dos desafios de Paulo à igreja da Galácia — "sempre que pudermos, devemos fazer o bem a todos" (Gálatas 6:10).

Apesar de não podermos acabar com a prática do aborto em nossa parte do mundo, podemos auxiliar uma jovem grávida assustada e confusa que tenha optado pela vida do bebê. Da mesma forma, não podemos resolver o problema da fome, mas podemos doar alimentos a alguma instituição de caridade ou levar uma refeição a um vizinho que esteja passando por momentos difíceis. Estas são algumas maneiras de resplandecer a luz e o amor de Jesus em nosso próprio canto do mundo (Mateus 5:16).

Jamais devemos subestimar o grande impacto que nossos pequenos esforços podem ter na vida dos outros. Demonstrar preocupação com alguém em momento de necessidade física ou emocional pode finalmente abrir a porta para compartilharmos sobre como Jesus é capaz de suprir uma necessidade espiritual ainda maior.

Como John Maxwell disse: "As pessoas não se importam com o quanto você sabe — até que saibam o quanto você se importa." —*Jeff Olson*

LEIA › Gálatas 6:7-10

⁷ *Não se enganem: ninguém zomba de Deus. O que uma pessoa plantar, é isso mesmo que colherá.* ⁸ *Se plantar no terreno da sua natureza humana, desse terreno colherá a morte. Porém, se plantar no terreno do Espírito de Deus, desse terreno colherá a vida eterna.* ⁹ *Não nos cansemos de fazer o bem. Pois, se não desanimarmos, chegará o tempo certo em que faremos a colheita.* ¹⁰ *Portanto, sempre que pudermos, devemos fazer o bem a todos, especialmente aos que fazem parte da nossa família na fé.*

EXAMINE ›

"...que façamos o que é direito, que amemos uns aos outros com dedicação e que vivamos em humilde obediência ao nosso Deus" (Miqueias 6:8).

CONSIDERE ›

Quais são algumas necessidades humanitárias às quais Deus o chama para agir em sua parte do mundo? De que maneira você pode ajudar alguém que esteja sofrendo hoje?

DIA 78

MENSAGENS AOS LADRÕES

Quem roubava que não roube mais, porém comece a trabalhar a fim de viver honestamente e poder ajudar os pobres. (Efésios 4:28)

Todo o ato foi filmado pelas câmeras de segurança. enquanto três amigos e eu jantávamos num café na África Oriental, um homem vestindo uma jaqueta preta entrou e sentou-se numa mesa do outro lado do restaurante. Meus amigos e eu nem reparamos nele, nem mesmo quando ele rapidamente mudou-se para a mesa perto da nossa. O indivíduo se aproveitou da nossa desatenção e — enquanto orávamos pela refeição com os olhos fechados — tirou minha bolsa do encosto da cadeira, a escondeu na jaqueta e saiu correndo.

É provável que o ladrão tenha ficado ainda mais feliz com o sucesso do seu plano quando descobriu que na bolsa havia dinheiro, uma máquina fotográfica cara e outros objetos de valor. Imagino que ele nem sentiu remorso, como os israelitas descritos em Jeremias 2:26. "...Como o ladrão fica envergonhado quando é pego, assim o povo de Israel passará vergonha..."

As escrituras contêm uma forte palavra de advertência para o indivíduo que surrupiou minha bolsa e criminosos como ele. "Quem roubava que não roube mais, porém comece a trabalhar a fim de viver honestamente e poder ajudar os pobres" (efésios 4:28). esta mensagem se aplica a todos nós que não furtamos bolsas também, pois é provável que em mais de uma ocasião tenhamos nos apoderado de algo que pertence à outra pessoa. Por exemplo, você já levou os créditos pelo trabalho ou ideia de um colega? Ou talvez tenha roubado temporariamente a felicidade de alguém dizendo algo doloroso ou falso sobre essa pessoa.

Confesso que muitas vezes fiz coisas assim. e descobri que a recompensa de furtar jamais supera a alegria do trabalho duro e de doar como alguém que pertence a Deus (v.30). O Senhor diz que quando damos acumulamos tesouros no Céu. Os tesouros dessas "bolsas" jamais envelhecem ou se desgastam — nem são roubados (Lucas 12:33). —*Roxanne Robbins*

LEIA › Efésios 4:17-32

¹⁷ *Portanto, em nome do Senhor eu digo e insisto no seguinte: não vivam mais como os pagãos, pois os pensamentos deles não têm valor,* ¹⁸ *e a mente deles está na escuridão. Eles não têm parte na vida que Deus dá porque são completamente ignorantes e teimosos.* ¹⁹ *Eles perderam toda a vergonha e se entregaram totalmente aos vícios; eles não têm nenhum controle e fazem todo tipo de coisas indecentes.* ²⁰ *Mas não foi essa a maneira de viver que vocês aprenderam como seguidores de Cristo.* ²¹ *Com certeza vocês ouviram falar dele e, como seus seguidores, aprenderam a verdade que está em Jesus.* ²² *Portanto, abandonem a velha natureza de vocês, que fazia com que vocês vivessem uma vida de pecados e que estava sendo destruída pelos seus desejos enganosos.* ²³ *É preciso que o coração e a mente de vocês sejam completamente renovados.* ²⁴ *Vistam-se com a nova natureza, criada por Deus, que é parecida com a sua própria natureza e que se mostra na vida verdadeira, a qual é correta e dedicada a ele.* ²⁵ *Por isso não mintam mais. Que cada um diga a verdade para o seu irmão na fé, pois todos nós somos membros do corpo de Cristo.* ²⁶ *Se vocês ficarem com raiva, não deixem que isso faça com que pequem e não fiquem o dia inteiro com raiva.* ²⁷ *Não deem ao Diabo oportunidade para tentar vocês.* ²⁸ *Quem roubava que não roube mais, porém comece a trabalhar a fim de viver honestamente e poder ajudar os pobres.* ²⁹ *Não digam palavras que fazem mal aos outros, mas usem apenas palavras boas, que ajudam os outros a crescer na fé e a conseguir o que necessitam, para que as coisas que vocês dizem façam bem aos que ouvem.* ³⁰ *E não façam com que o Espírito Santo de Deus fique triste. Pois o Espírito é a marca de propriedade de Deus colocada em vocês, a qual é a garantia de que chegará o dia em que Deus os libertará.* ³¹ *Abandonem toda amargura, todo ódio e toda raiva. Nada de gritarias, insultos e maldades!* ³² *Pelo contrário, sejam bons e atenciosos uns para com os outros. E perdoem uns aos outros, assim como Deus, por meio de Cristo, perdoou vocês.*

EXAMINE ›

"...nem esperem ganhar alguma coisa com o roubo. Ainda que as suas riquezas aumentem, não confiem nelas" (Salmo 62:10).

CONSIDERE ›

Quais são algumas formas de roubo que você praticou contra Deus e outras pessoas? O que será necessário para que você se arrependa e mude de comportamento?

DIA 79

AMOR E INFERNO

...estes irão para o castigo eterno, mas os bons irão para a vida eterna.
(Mateus 25:46)

Em certo navio americano, a equipe de bordo se reuniu ao redor do capelão e perguntou-lhe: "Você acredita no inferno?" ele respondeu: "não." Os membros da tripulação absorveram silenciosamente sua resposta e soltaram esse tiro de advertência: "Bem, então poderia se demitir, por favor? Se não existe inferno, não precisamos de você... e se existe, não queremos que nos guie na direção errada!"

Há muitos cristãos que se envergonham da doutrina bíblica do inferno — vendo-a como uma mancha a ser encoberta pelo amor divino. estão errados, pois Jesus ensinou mais sobre inferno, do que qualquer outra pessoa na Bíblia.

Quais as palavras de Jesus a respeito do inferno? ele declarou que o inferno é um lugar de punição e separação eterna e consciente de Deus (Mateus 8:12; 25:46; Marcos 9:43). ele ensinou que o inferno é um espaço de sofrimento e escuridão, enfatizando o isolamento em relação a Deus e aos outros. O inferno é um local preparado para Satanás e seus anjos (demônios) e para os seres humanos que rejeitaram a Deus (Mateus 25:41). Quando Satanás e sua equipe caíram do Céu, Deus preparou um lugar para castigá-los.

Se alguém se afasta daquilo que Deus providenciou através de Jesus, esta pessoa está se rebelando contra o plano perfeito de Deus. Finalmente Jesus disse que o inferno é para aqueles que rejeitaram ao Pai e a ele (João 3:18; 1 João 5:11-12).

Precisamos compreender a realidade de que todos — como seres eternos — passarão a eternidade em um dos dois lugares. A decisão tomada deste lado da vida influenciará eternamente o outro. Cada um de nós que seguimos a Jesus tem um papel vital em difundir a vida eterna que ele dá a todos os que nele creem. Compartilhe a verdade sobre o inferno com as pessoas que você conhece. É uma atitude amorosa. —*Marvin Williams*

LEIA › Mateus 25:41-46

⁴¹ — Depois ele dirá aos que estiverem à sua esquerda: "Afastem-se de mim, vocês que estão debaixo da maldição de Deus! Vão para o fogo eterno, preparado para o Diabo e os seus anjos! ⁴² Pois eu estava com fome, e vocês não me deram comida; estava com sede, e não me deram água. ⁴³ Era estrangeiro, e não me receberam na sua casa; estava sem roupa, e não me vestiram. Estava doente e na cadeia, e vocês não cuidaram de mim." ⁴⁴ — Então eles perguntarão: "Senhor, quando foi que vimos o senhor com fome, ou com sede, ou como estrangeiro, ou sem roupa, ou doente, ou na cadeia e não o ajudamos?" ⁴⁵ — O Rei respondeá: "Eu afirmo a vocês que isto é verdade: todas as vezes que vocês deixaram de ajudar uma destas pessoas mais humildes, foi a mim que deixaram de ajudar." ⁴⁶ E Jesus terminou assim: — Portanto, estes irão para o castigo eterno, mas os bons irão para a vida eterna.

EXAMINE ›

Mateus 10:28
Lucas 16:19-31
2 Pedro 2:4

CONSIDERE ›

Quem na minha esfera de influência precisa ouvir sobre a ira e a graça de Deus? O que estou fazendo para ajudá-los a crer?

DIA 80 >>>>>>>>>>>

HOJE E NO FUTURO

Aconselhe também os homens mais jovens a serem prudentes. Você mesmo deve ser, em tudo, um exemplo de boa conduta. (Tito 2:6-7)

Você deve admirar as maneiras criativas que as pessoas demonstram o amor de Deus ao próximo. Recentemente, me impressionei ao descobrir sobre o ministério de compaixão de minha amiga para os estudantes universitários. Adolescentes e jovens vão a casa dela para as refeições, orientação, e para aprender com o seu exemplo. Como moram longe, eles agora têm um "lar" e uma "mãe" por perto.

Quando elogiei minha amiga por servi-los, ela explicou que seus esforços se concentravam no hoje e no futuro. ela os ama e incentiva hoje da forma como espera que outros cristãos amem seus próprios filhos no futuro — quando estiverem na faculdade.

Paulo "acolheu" um jovem pupilo, Tito, e mostrou-lhe as "cordas" do amor e da orientação ao próximo. Ele enfatizou que este jovem líder na Ilha de Creta deveria "...ser, em tudo, um exemplo de boa conduta..." (Tito 2:7).

O objetivo do apóstolo era que Tito ensinasse e acompanhasse cada vez mais os cristãos de todas as idades (vv.2-4,6) e fizesse as obras de um cristão maduro para que eles por sua vez "as praticassem" (v.15). esta estratégia de "multiplicação" foi posta em prática originalmente pelo próprio Jesus ao estabelecer a Grande Comissão da igreja (Mateus 28:18-20; Atos 1:8). À medida que os círculos concêntricos de cristãos se expandiam, mais pessoas se convertiam e iniciavam seus próprios movimentos — ensinando outros e praticando atos que fluem de uma fé autêntica (Tito 2:11).

Que ondas você tem produzido? Quem você incentivou a mergulhar mais fundo nas verdades espirituais? À medida que amamos e levamos outros a Jesus, ensinando-lhes Seus caminhos, faremos o que a minha amiga apaixonada por servir os estudantes gosta de fazer; investir em jovens cristãos hoje para que possam discipular jovens cristãos no futuro. —*Tom Felten*

LEIA › Tito 2:1-15

¹ *Mas você, Tito, ensine o que está de acordo com a doutrina verdadeira.* ² *Ensine os mais velhos a serem moderados, sérios, prudentes e firmes na fé, no amor e na perseverança.* ³ *Aconselhe também as mulheres mais idosas a viverem como devem viver as mulheres dedicadas a Deus. Que elas não sejam caluniadoras, nem muito chegadas ao vinho! Que elas ensinem o que é bom,* ⁴ *para que as mulheres mais jovens aprendam a amar o marido e os filhos* ⁵ *e a ser prudentes, puras, boas donas de casa e obedientes ao marido, a fim de que ninguém fale mal da mensagem de Deus!* ⁶ *Aconselhe também os homens mais jovens a serem prudentes.* ⁷ *Você mesmo deve ser, em tudo, um exemplo de boa conduta. Seja sincero e sério quando estiver ensinando.* ⁸ *Use palavras certas, para que ninguém possa criticá-lo e para que os inimigos fiquem envergonhados por não terem nada de mau a dizer a nosso respeito.* ⁹ *Que os escravos obedeçam aos seus donos e os agradem em tudo! Que não sejam respondões,* ¹⁰ *nem roubem os seus donos! Pelo contrário, que eles mostrem que são sempre bons e fiéis em tudo o que fazem. Desse modo, por causa das coisas que eles fizerem, todos falarão bem da doutrina a respeito de Deus, o nosso Salvador.* ¹¹ *Pois Deus revelou a sua graça para dar a salvação a todos.* ¹² *Essa graça nos ensina a abandonarmos a descrença e as paixões mundanas e a vivermos neste mundo uma vida prudente, correta e dedicada a Deus,* ¹³ *enquanto ficamos esperando o dia feliz em que aparecerá a glória do nosso grande Deus e Salvador Jesus Cristo.* ¹⁴ *Foi ele quem se deu a si mesmo por nós, a fim de nos livrar de toda maldade e de nos purificar, fazendo de nós um povo que pertence somente a ele e que se dedica a fazer o bem.* ¹⁵ *Ensine essas coisas e use toda a sua autoridade para animar e também para repreender os seus ouvintes. E que ninguém despreze você!*

EXAMINE ›

"Nada me alegra mais do que ouvir que os meus filhos vivem de acordo com a verdade" (3 João 1:4).

CONSIDERE ›

Você não ficaria empolgado se tivesse discipulado alguém e essa pessoa um dia discipulasse seu filho? Que atitude tomará hoje para amar e discipular os outros?

DIA 81

O QUE VOCÊ NÃO TEM

Deixo com vocês a paz. É a minha paz que eu lhes dou; não lhes dou a paz como o mundo a dá. Não fiquem aflitos, nem tenham medo. (João 14:27)

A carreira de Harrison Ford personifica o sucesso. Os seus filmes renderam mais de seis bilhões de dólares nos Estados Unidos. Porém numa entrevista recente, Ford fez este profundo comentário: "Você quer apenas aquilo que não tem." O entrevistador perguntou-lhe o que desejava. Ford respondeu com uma palavra: "Paz."

Qual seria sua definição de sucesso? Talvez uma meta ilusória esteja acenando na próxima esquina. E se tivesse "aquilo", você pensa tudo daria certo. Mas na verdade isso é mentira. Não existe nada lá fora que torne as coisas melhores.

Na noite anterior a crucificação, Jesus indicou aos Seus discípulos o caminho da verdadeira paz. "Não fiquem aflitos. Creiam em Deus e creiam também em mim" (João 14:1).

Jesus embasou esta paz em diversos alicerces. Ele estava preparando um lugar permanente para eles (vv.2-4) e não os deixaria sem um Advogado, o espírito Santo (vv.16-17). Prometeu-lhes vida eterna com ele. "Não vou deixá-los abandonados, mas voltarei para ficar com vocês...", declarou ele. "e, porque eu vivo, vocês também viverão. Quando chegar aquele dia, vocês ficarão sabendo que eu estou no meu Pai e que vocês estão em mim, assim como eu estou em vocês (vv.18-20).

Embora os discípulos não compreendessem totalmente as Suas palavras, se lembrariam delas no futuro e encontrariam a paz que precisavam para cumprir os mandamentos de Jesus. "Deixo com vocês a paz...", concluiu Jesus, "É a minha paz que eu lhes dou; não lhes dou a paz como o mundo a dá. Não fiquem aflitos, nem tenham medo" (v.27).

O único desejo de todos é algo que não podemos alcançar sem a intervenção divina. Não existe paz sem a paz que Jesus concede. —*Tim Gustafson*

LEIA› João 14:23-29

²³ *Jesus respondeu: — A pessoa que me ama obedecerá à minha mensagem, e o meu Pai a amará. E o meu Pai e eu viremos viver com ela.* ²⁴ *A pessoa que não me ama não obedece à minha mensagem. E a mensagem que vocês estão escutando não é minha, mas do Pai, que me enviou.* ²⁵ *— Tenho dito isso enquanto estou com vocês.* ²⁶ *Mas o Auxiliador, o Espírito Santo, que o Pai vai enviar em meu nome, ensinará a vocês todas as coisas e fará com que lembrem de tudo o que eu disse a vocês.* ²⁷ *— Deixo com vocês a paz. É a minha paz que eu lhes dou; não lhes dou a paz como o mundo a dá. Não fiquem aflitos, nem tenham medo.* ²⁸ *Vocês ouviram o que eu disse: "Eu vou, mas voltarei para ficar com vocês." Se vocês me amassem, ficariam alegres, sabendo que vou para o Pai, pois o Pai é mais poderoso do que eu.* ²⁹ *Digo isso agora, antes que essas coisas aconteçam, para que, quando acontecerem, vocês creiam.*

EXAMINE›

Salmo 37:11,37-40
Salmo 119: 61-165
Filipenses 4:6-7

CONSIDERE›

Liste as suas três metas mais importantes. Que tipo de sucesso elas lhe trariam se as alcançasse? Como elas lhe ajudarão a encontrar a paz?

DIA 82 »»»»»»»

O CORAÇÃO IMPORTA

...Não se impressione com a aparência nem com a altura deste homem [...] não julgo como as pessoas julgam [...] eu vejo o coração. (1 Samuel 16:7)

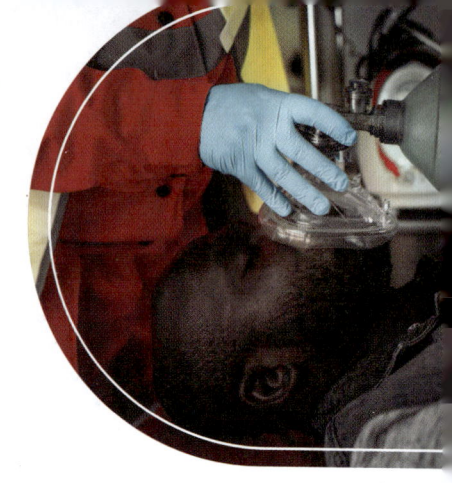

A reanimação cardiorrespiratória é um procedimento de emergência aplicado em pessoas que sofreram paradas cardíacas. Logo que aprendi a fazer a reanimação há 25 anos, nos concentrávamos nas compressões no peito e na retomada da respiração.

Repetíamos, "bombeie e ventile".

Hoje, o foco principal está no coração. Quando você socorre alguém que sofreu parada cardíaca, as novas pesquisas sugerem que você deve se concentrar nas compressões no peito. Supostamente, existe uma quantia suficiente de oxigênio no sangue para manter o funcionamento dos órgãos vitais por algum tempo. A falta mais imediata para o corpo é um coração pulsante para fazer o sangue circular.

Quando você pensa sobre isso, vê que a vida depende das condições do coração do indivíduo. A Bíblia enfatiza repetidas vezes que um coração espiritualmente saudável é vital. Por todas as suas páginas somos instruídos a buscar, servir e amar a Deus e ao próximo de todo coração (Deuteronômio 4:29; Mateus 18:35). ela diz que devemos esconder a Palavra de Deus em nosso coração para não pecarmos contra ele (Salmo 119:11). ela nos adverte: "um coração enganoso" é o que nos leva a adorar falsos deuses (Isaías 44:20). e nos estimula a "cuidar" com o que pensamos, pois "...a sua vida é dirigida por seus pensamentos" (Provérbios 4:23).

Enquanto as pessoas se concentram na aparência externa, Deus vê o coração (1 Samuel 16:7). ele sabe que a verdadeira história da nossa vida desabrocha do nosso interior. Não é tanto o que vemos na superfície. É o que não podemos enxergar abaixo dela que é a parte mais importante.

Não se concentre apenas nos aspectos visíveis da vida. Não pare por aí. Olhe para o interior que é o que mais importa. Qual a condição do seu coração hoje?

—Jeff Olson

LEIA › 1 Samuel 16:1-7

¹ *O SENHOR Deus disse a Samuel: — Até quando você vai continuar a ter pena de Saul? Eu não quero mais que ele seja rei de Israel. Encha um chifre com azeite e leve com você. Depois vá a Belém, até a casa de um homem chamado Jessé, pois eu escolhi um dos filhos dele para ser rei.* ² *— Como posso fazer isso? — respondeu Samuel. — Se Saul souber disso, ele me mata! O SENHOR Deus respondeu: — Leve um bezerro e diga que você foi lá para oferecer um sacrifício ao SENHOR.* ³ *Convide Jessé para o sacrifício, e depois eu lhe digo o que fazer. Você ungirá como rei aquele que eu indicar.* ⁴ *Samuel fez o que o SENHOR Deus havia mandado e foi a Belém. Quando chegou lá, os líderes da cidade foram tremendo encontrá-lo e perguntaram: — A sua visita é de paz?* ⁵ *— Sim! — respondeu ele. — Eu vim oferecer um sacrifício a Deus. Purifiquem-se e venham comigo. Ele mandou que Jessé e os seus filhos se purificassem e os convidou para o sacrifício.* ⁶ *Quando eles chegaram, Samuel viu Eliabe, um dos filhos de Jessé, e pensou: — Este homem que está aqui na presença de Deus, o SENHOR, certamente é aquele que o SENHOR escolheu.* ⁷ *Mas o SENHOR disse: — Não se impressione com a aparência nem com a altura deste homem. Eu o rejeitei porque não julgo como as pessoas julgam. Elas olham para a aparência, mas eu vejo o coração.*

EXAMINE ›

"Ó Deus, examina-me e conhece o meu coração! Prova-me e conhece os meus pensamentos. Vê se há em mim algum pecado e guia-me pelo caminho eterno" (Salmo 139:23-24).

CONSIDERE ›

Em que coisas exteriores você tem a tendência de concentrar atenção demais? Como você pode buscar um coração espiritualmente mais saudável, hoje?

DIA 83 〉〉〉〉〉〉〉〉〉〉

ESTÁTICA

Pois são os pecados de vocês que os separam do seu Deus, são as suas maldades que fazem com que ele se esconda de vocês e não atenda as suas orações. (Isaías 59:2)

Adoro as conveniências da tecnologia — especialmente os telefones sem fio, pois propiciam a mobilidade sem o empecilho de enroscar nos fios. No entanto, apesar de desfrutar dessa liberdade, muitas vezes tenho que lidar com um incômodo — o ruído crepitante da estática. Estes problemas acontecem principalmente quando me distancio da base do telefone. Quanto mais longe, maior a dificuldade para ouvir e compreender meu interlocutor.

Da mesma forma, quanto mais nos distanciamos de Deus — nossa fonte de vida e força — maior a estática espiritual que enfrentamos, e não conseguimos ouvir a Sua voz.

A Bíblia contém uma lista dos itens que nos afastam de Deus. O primeiro item negativo é o *pecado* (Isaías 59:2). Isaías disse que pecados e iniquidades separaram o povo de Deus dele, e que ele escondeu Sua face — consequentemente Deus não "responde" aos seus apelos.

O *egoísmo* é o segundo obstáculo que cria o afastamento (v.4). Tiago afirmou que Deus não respondeu as orações do Seu povo porque eles pediram com a motivação errada — para que pudessem gastar com prazeres (Tiago 4:3). A *rebelião* é o terceiro caminho destrutivo que provoca a estática espiritual (Isaías 59:13). O povo de Deus desobedeceu aos Seus mandamentos com arrogância e quando os inimigos os atacaram, eles clamaram a Deus. Porém Deus recusou-se a ouvir suas preces (Deuteronômio 1:43-45).

O quarto obstáculo a comunicação é a *injustiça* (Isaías 59:9,11,14-15). Deus disse que não olharia para Seu povo, pois este não defendia a causa dos oprimidos, órfãos e viúvas (Isaías 1:15-17).

O último entrave que provoca a estática relaciona-se à nossa fonte pessoal de energia: a *falta de fé* (Tiago 1:6-7). Aproximemo-nos de Deus, nossa fonte de vida e força, vivenciando a humildade, justiça, sinceridade e fé. —*Marvin Williams*

LEIA › Isaías 59:1-15

¹ *Vocês estão pensando que o S*ENHOR *perdeu a força e não pode nos salvar? Ou pensam que ele está surdo e não pode nos ouvir?* ² *Pois são os pecados de vocês que os separam do seu Deus, são as suas maldades que fazem com que ele se esconda de vocês e não atenda as suas orações.* ³ *Vocês têm as mãos manchadas de sangue e os dedos sujos de crimes; vocês só sabem contar mentiras, e os seus lábios estão sempre dizendo coisas que não prestam.* ⁴ *Não é para procurar a justiça que vão ao tribunal, e ninguém diz a verdade ao juiz. Todos confiam em mentiras e falsidades; inventam maldades e praticam crimes.* ⁵ *Os seus planos perversos são como os ovos de uma cobra venenosa: quem come os ovos morre, e, se um se quebra, dele sai outra cobra venenosa. Os seus planos não prestam para nada; parecem teias de aranha;* ⁶ *elas não servem para fazer roupa, e ninguém pode se vestir com elas. Tudo o que vocês fazem é mau, todas as suas ações são criminosas.* ⁷ *Vocês correm para fazer o que é errado e se apressam para matar pessoas inocentes; vocês pensam somente em maltratar os outros e, por onde passam, deixam a destruição e a desgraça.* ⁸ *Não conhecem o caminho da paz, e todas as suas ações são injustas. Vocês preferem seguir caminhos errados e por isso não têm segurança. O povo confessa os seus pecados* ⁹ *Deus ainda não nos salvou, pois temos pecado, e por isso ele demora em nos socorrer. Procuramos a luz, mas só encontramos a escuridão; buscamos lugares claros, mas continuamos nas trevas.* ¹⁰ *Andamos apalpando as paredes como se fôssemos cegos, como se não tivéssemos olhos; ao meio-dia tropeçamos como se fosse de noite e, em plena flor da idade, parecemos mortos.* ¹¹ *Rugimos como ursos assustados, gememos como pombas; esperamos a salvação, porém ela demora; desejamos socorro, mas ele está longe de nós.* ¹² *Temos pecado muito contra ti, ó Deus, e os nossos pecados nos acusam. Não podemos esquecer as nossas maldades; reconhecemos que somos culpados.* ¹³ *Não temos sido fiéis, temos nos revoltado contra ti e nos afastado de ti, o nosso Deus. Temos falado de crimes e de revoltas e temos feito planos para enganar os outros.* ¹⁴ *A justiça é posta de lado, e o direito é afastado. A verdade anda tropeçando no tribunal, e a honestidade não consegue chegar até lá.* ¹⁵ *A verdade desapareceu, e os que procuram ser honestos são perseguidos.*

EXAMINE ›

"As minhas ovelhas escutam a minha voz; eu as conheço, e elas me seguem" (João 10:27).

CONSIDERE ›

Que questão paralisante o afastou de Deus? O que você fará para fechar este abismo?

DIA 84

ESTRADAS ESBURACADAS

Tirou-me de uma cova perigosa, de um poço de lama. Ele me pôs seguro em cima de uma rocha e firmou os meus passos.
(Salmo 40:2)

Meus pensamentos estavam longe, quando de repente um buraco na estrada sacudiu meu carro. Enquanto balançava pelo cruzamento, me dei conta de que tinha ignorado as placas que indicavam uma rodovia em obras. Encoberto pela escuridão da madrugada o desnível no asfalto era imperceptível aos olhos. Porém, dias depois enquanto dirigia por outro trecho da mesma estrada a suavidade da via recentemente pavimentada fez meus pneus cantarem com delicadeza. A diferença era visível.

Isaías 26:7 diz: "O caminho das pessoas direitas é fácil; tu, ó Deus justo, tornas plano o caminho por onde elas andam." O caminho do Senhor é sempre correto e Ele é fiel para endireitar as veredas diante de nós. Contudo, assim como a rodovia em construção, às vezes o tempo e os métodos de Deus não correspondem as nossas expectativas. Limitados por nossa restrita visão, lutamos para compreender o que ele está fazendo quando tentamos ultrapassar os locais em que as obras ainda estão em andamento. Algumas vezes o solavanco provoca a dor. Confusos e na tentativa de sondar a escuridão, buscamos recobrar as forças.

Neste lugar de incertezas, a confiança é fundamental (Salmo 40:3-4). Ansiamos pela paz e descanso divinos — para ver o resultado do que ele está fazendo. Todavia facilmente esquecemos que os vales escuros surgirão ao longo da estrada (Salmo 23:4). Sem confiança, nossa fé enfraquecerá. Sem fé continuaremos a vacilar em esforço próprio (Hebreus 11:6).

Nestes trechos descobrimos como Davi, que "esperar com paciência" significa encontrar libertação (Salmo 40:1). Não importa se atoleiro é consequência das nossas próprias escolhas ou de outros, somente Ele pode nos salvar. Pés firmes em terreno sólido, não se referem ao que vemos, mas a quem olhamos. —*Regina Franklin*

LEIA › Salmo 40:1-8

¹ *Esperei com paciência pela ajuda de Deus, o Senhor. Ele me escutou e ouviu o meu pedido de socorro.* ² *Tirou-me de uma cova perigosa, de um poço de lama. Ele me pôs seguro em cima de uma rocha e firmou os meus passos.* ³ *Ele me ensinou a cantar uma nova canção, um hino de louvor ao nosso Deus. Quando virem isso, muitos temerão o Senhor e nele porão a sua confiança.* ⁴ *Feliz aquele que confia em Deus, o Senhor, que não vai atrás dos ídolos, nem se junta com os que adoram falsos deuses!* ⁵ *Ó Senhor, nosso Deus, tu tens feito grandes coisas por nós. Não há ninguém igual a ti. Tu tens feito muitos planos maravilhosos para o nosso bem. Ainda que eu quisesse, não poderia falar de todos eles, pois são tantos, que não podem ser contados.* ⁶ *Tu não queres animais oferecidos em sacrifício, nem ofertas de cereais. Não pediste que animais fossem queimados inteiros no altar, nem exigiste sacrifícios oferecidos para tirar pecados. Pelo contrário, tu me deste ouvidos para ouvir,* ⁷ *e por isso respondi: "Aqui estou; as tuas instruções para mim estão no Livro da Lei.* ⁸ *Eu tenho prazer em fazer a tua vontade, ó meu Deus! Guardo a tua lei no meu coração."*

EXAMINE ›

Salmo 18:30-33
Salmo 27:4-5
Miqueias 7:7-8

CONSIDERE ›

Como você reage diante de um "buraco" na estrada da vida? Nesses momentos o que significa para você confiar verdadeiramente em Deus?

DIA 85 〉〉〉〉〉〉〉〉〉〉

CONTINUEM UNIDOS!

Ajudem uns aos outros e assim vocês estarão obedecendo à lei de Cristo.
(Gálatas 6:2)

O filme *Gladiador* (2000) reconta a história de Maximus, antes um respeitado general dos exércitos romanos que fora traído e condenado à escravidão. O filme retrata sua escalada pelas fileiras dos gladiadores, para enfim vingar as injustiças cometidas contra ele e sua família. Momentos antes da primeira luta de Maximus contra um adversário misterioso e poderoso no Coliseu, ele diz a seus colegas gladiadores: "O que quer que saia por estes portões, teremos melhor chance de sobreviver se agirmos juntos. Entenderam? Se ficarmos juntos — sobreviveremos!" Para o espanto da plateia, os gladiadores em desvantagem se juntam e conquistam uma vitória improvável.

Há uma lição essencial a ser aprendida com a história de Maximus — não fomos feitos para vivermos sozinhos. Esta verdade pode ser vista na vida de dois personagens bíblicos bastante conhecidos.

Davi era um homem sempre rodeado de gente. Em sua juventude ele era "uma só alma" com seu amigo Jônatas (1 Samuel 18:1). Como rei, Davi tinha a companhia de três homens que defenderam seu trono e arriscaram sua vida por ele em batalha (2 Samuel 23:8-39). Sansão, por outro lado, vivia solitário. A Bíblia não menciona nada sobre qualquer amigo que ele pudesse ter tido. Ele não tinha ninguém por perto para alertá-lo dos erros que estava cometendo com a perigosa Dalila (Juízes 16). E, diferente de Davi, que viveu por muito tempo e morreu com glórias, Sansão partiu prematuramente.

A vida num mundo corrupto é difícil — por vezes até selvagem. Precisamos de amigos próximos e que nos conheçam bem. Pessoas que irão orar por nós, nos fortalecer quando estivermos mal, e nos alertar quando estivermos nos desviando (Gálatas 6:2). A diferença entre sobreviver e não sobreviver geralmente está nas palavras "se agirmos juntos". —*Jeff Olson*

LEIA> Gálatas 6:1-10

¹ Meus irmãos, se alguém for apanhado em alguma falta, vocês que são espirituais devem ajudar essa pessoa a se corrigir. Mas façam isso com humildade e tenham cuidado para que vocês não sejam tentados também. ² Ajudem uns aos outros e assim vocês estarão obedecendo à lei de Cristo. ³ A pessoa que pensa que é importante, quando, de fato, não é, está enganando a si mesma. ⁴ Que cada pessoa examine o seu próprio modo de agir! Se ele for bom, então a pessoa pode se orgulhar do que fez, sem precisar comparar o seu modo de agir com o dos outros. ⁵ Porque cada pessoa deve carregar a sua própria carga. ⁶ A pessoa que está aprendendo o evangelho de Cristo deve repartir todas as suas coisas boas com quem a estiver ensinando. ⁷ Não se enganem: ninguém zomba de Deus. O que uma pessoa plantar, é isso mesmo que colherá. ⁸ Se plantar no terreno da sua natureza humana, desse terreno colherá a morte. Porém, se plantar no terreno do Espírito de Deus, desse terreno colherá a vida eterna. ⁹ Não nos cansemos de fazer o bem. Pois, se não desanimarmos, chegará o tempo certo em que faremos a colheita. ¹⁰ Portanto, sempre que pudermos, devemos fazer o bem a todos, especialmente aos que fazem parte da nossa família na fé.

EXAMINE>

"...Tenham todos o mesmo modo de pensar e vivam em paz. E o Deus de amor e de paz estará com vocês" (2 Coríntios 13:11).

CONSIDERE>

Que áreas você está trilhando sozinho na vida? Como os "amigos do peito, irmãos ou

Irmãs" poderiam ajudá-lo a crescer em Cristo?

DIA 86 〉〉〉〉〉〉〉〉〉〉

FORJANDO QUALIDADES

Essa gente pensa que a religião é um meio de enriquecer. É claro que a religião é uma fonte de muita riqueza, mas só para a pessoa que se contenta com o que tem. (1 Timóteo 6:5-6)

Paulo alerta o jovem Timóteo de que algumas pessoas usam a religião ou *atos de piedade* (no original grego) para enriquecer. Como assim? Os atos piedosos são bons, logo têm valor. Então sempre haverá quem compre. Mas nunca deveriam existir os *vendedores*.

A preocupação de Paulo? Os cristãos virtuosos às vezes são tentados a desprezar a disciplina que desenvolveu o seu caráter e forjar suas qualidades para se beneficiar. Tal fato pode ocorrer ao perceberem que o seu caráter divino lhes abre portas e traz vantagens sobre os outros menos piedosos (1 Timóteo 6:5).

Uma pessoa do ministério de oração pode começar a orar mais em público do que em particular se perceber que, em decorrência disso, a sua reputação cresce. Um atendente, ao ser reconhecido por bem servir, pode começar a selecionar os momentos que deseja demonstrar compaixão. Alguém reconhecido por seu conhecimento bíblico pode passar a utilizar isso em benefício próprio.

É nossa natureza falha que nos faz forjar nossas melhores qualidades. Os espertos sempre têm que ter a resposta certa, os simpáticos devem sorrir constantemente, e os líderes devem escolhem as batalhas que já sabem que vencerão. Nesse ponto, começamos a nos identificar com a nossa imagem — uma imagem que protegeremos a todo custo (especialmente se formos pagos por fazê-lo).

Paulo afirma que o caminho à verdadeira riqueza está no contentamento. Diferente daqueles "que querem ficar ricos" e por isso "caem em pecado, ao serem tentados, e ficam presos na armadilha de muitos desejos tolos, que fazem mal e levam as pessoas a se afundarem na desgraça e na destruição" (1 Timóteo 6:9), aqueles que são contentes com o que são — e com o que Deus lhes deu — possuem maior riqueza espiritual. Eles continuarão a cultivar os hábitos que valeram sua reputação e recusarão oportunidades lucrativas que, apesar de aparentemente inocentes, sugariam energia demais de sua missão principal na vida. —*Mike Wittmer*

LEIA › 1 Timóteo 6:1-9

¹ *Aquelas que são escravos devem tratar o seu dono com todo o respeito, para que ninguém fale mal do nome de Deus e dos nossos ensinamentos.* ² *E os escravos que têm dono cristão não devem perder o respeito por ele por ser seu irmão na fé. Pelo contrário, devem trabalhar para ele melhor ainda, pois o dono, que recebe os seus serviços, é cristão e irmão amado. Ensine e recomende estas coisas:* ³ *Se alguém ensina alguma doutrina diferente e não concorda com as verdadeiras palavras do nosso Senhor Jesus Cristo e com os ensinamentos da nossa religião,* ⁴ *essa pessoa está cheia de orgulho e não sabe nada. Discutir e brigar a respeito de palavras é como uma doença nessas pessoas. E daí vêm invejas, brigas, insultos, desconfianças maldosas* ⁵ *e discussões sem fim, como costumam fazer as pessoas que perderam o juízo e não têm mais a verdade. Essa gente pensa que a religião é um meio de enriquecer.* ⁶ *É claro que a religião é uma fonte de muita riqueza, mas só para a pessoa que se contenta com o que tem.* ⁷ *O que foi que trouxemos para o mundo? Nada! E o que é que vamos levar do mundo? Nada!* ⁸ *Portanto, se temos comida e roupas, fiquemos contentes com isso.* ⁹ *Porém os que querem ficar ricos caem em pecado, ao serem tentados, e ficam presos na armadilha de muitos desejos tolos, que fazem mal e levam as pessoas a se afundarem na desgraça e na destruição.*

EXAMINE ›

Mateus 23:5-7, 25-28
Filipenses 4:11-13
Hebreus 13:5

CONSIDERE ›

Quais qualidades o ajudaram a atingir o seu emprego atual ou posição social? Quanto do seu serviço a Deus baseia-se em aparência, e não na realidade?

DIA 87

ANORMAIS

Parece que não adiantou nada eu me conservar puro e ter as mãos limpas de pecado. (Salmo 73:13)

Freak folk, psych folk e folk-pop são termos usados para descrever gêneros dentro da música *folk* (popular, ou das pessoas). Musicalmente, o *freak folk* (*freak* significa anormal, bizarro) tem instrumentos acústicos, geralmente violão e às vezes violino ou flauta, acompanhados de instrumentos de percussão como bongôs. O *psych folk* é uma mistura de música *folk* com *rock* ou *pop* mais psicodélico. As variações de música *folk* não param de surgir.

A Bíblia tem seu próprio tipo de música popular. Está nos Salmos. Essas fascinantes canções "populares" contam as experiências de vários homens e mulheres. Contam histórias sobre transtornos emocionais, problemas e perturbações que os crentes em Deus enfrentaram.

Vejamos o Salmo 73, por exemplo. Começa igual a algumas músicas populares contemporâneas, com o autor reclamando das injustiças do mundo. A letra é de uma honestidade nua e impactante. Asafe, músico chefe de Davi, questiona se sua busca por Deus valeu a pena (vv.13-14). Pessoas egoístas, mesquinhas "têm muito e ficam cada vez mais ricos" (v.12). Eles zombam de Deus e nada lhes acontece. Asafe se questiona se ele foi um anormal por manter o coração puro. Valeu a pena?

Mas quando ele vai ao santuário de Deus, encontra nova perspectiva e entendimento (v.16). Asafe é relembrado de que os ímpios e suas atitudes terão um fim, e renova o seu desejo de quebrantar o coração diante de Deus (v.21). Ele compreendeu que nada no céu ou na terra é melhor do que estar perto do soberano Senhor (vv.23,28).

Aprendemos com esse clássico atemporal que ao voltarmos os nossos olhos para Deus, adquirimos a Sua perspectiva. Percebemos então, que a vida não é tão melancólica e sombria, e vemos, claramente, que Deus está no controle e se importa conosco — Seus "anormais". —*Poh Fang Chia*

LEIA › Salmo 73

¹ *Na verdade, Deus é bom para o povo de Israel, ele é bom para aqueles que têm um coração puro.* ²⁻³ *Porém, quando vi que tudo ia bem para os orgulhosos e os maus, quase perdi a confiança em Deus porque fiquei com inveja deles.* ⁴ *Os maus não sofrem; eles são fortes e cheios de saúde.* ⁵ *Eles não sofrem como os outros sofrem, nem têm as aflições que os outros têm.* ⁶ *Por isso, usam o orgulho como se fosse um colar e a violência, como uma capa.* ⁷ *O coração deles está cheio de maldade, e a mente deles só vive fazendo planos perversos.* ⁸ *Eles gostam de caçoar e só falam de coisas más. São orgulhosos e fazem planos para explorar os outros.* ⁹ *Falam mal de Deus, que está no céu, e com orgulho dão ordens às pessoas aqui na terra.* ¹⁰ *Assim o povo de Deus vai atrás deles e crê no que eles dizem.* ¹¹ *Eles afirmam: "Deus não vai saber disso; o Altíssimo não descobrirá nada!"* ¹² *Os maus são assim: eles têm muito e ficam cada vez mais ricos.* ¹³ *Parece que não adiantou nada eu me conservar puro e ter as mãos limpas de pecado.* ¹⁴ *Pois tu, ó Deus, me tens feito sofrer o dia inteiro, e todas as manhãs me castigas.* ¹⁵ *Se eu tivesse falado como os maus, teria traído o teu povo.* ¹⁶ *Então eu me esforcei para entender essas coisas, mas isso era difícil demais para mim.* ¹⁷ *Porém, quando fui ao teu Templo, entendi o que acontecerá no fim com os maus.* ¹⁸ *Tu os pões em lugares onde eles escorregam e fazes com que caiam mortos.* ¹⁹ *Eles são destruídos num momento e têm um fim horrível.* ²⁰ *Quando te levantas, S*ENHOR*, tu não lembras dos maus, pois eles são como um sonho que a gente esquece quando acorda de manhã.* ²¹ *O meu coração estava cheio de amargura, e eu fiquei revoltado.* ²² *Eu não podia compreender, ó Deus; era como um animal, sem entendimento.* ²³ *No entanto, estou sempre contigo, e tu me seguras pela mão.* ²⁴ *Tu me guias com os teus conselhos e no fim me receberás com honras.* ²⁵ *No céu, eu só tenho a ti. E, se tenho a ti, que mais poderia querer na terra?* ²⁶ *Ainda que a minha mente e o meu corpo enfraqueçam, Deus é a minha força, ele é tudo o que sempre preciso.* ²⁷ *Os que se afastam de ti certamente morrerão, e tu destruirás os que são infiéis a ti.* ²⁸ *Mas, quanto a mim, como é bom estar perto de Deus! Faço do S*ENHOR *Deus o meu refúgio e anuncio tudo o que ele tem feito.*

EXAMINE ›

Salmo 37:1-7
Mateus 5:3-10
Hebreus 11:13-16

CONSIDERE ›

Que situações de hoje fazem-no sentir-se um anormal por seguir os ensinamentos de Deus? Como mantê-lo no centro da sua visão?

DIA 88

O PODER DA GRATIDÃO

...sejam agradecidos a Deus em todas as ocasiões. Isso é o que Deus quer de vocês por estarem unidos com Cristo Jesus.
(1 Tessalonicenses 5:18)

Estudos recentes mostraram que a prática da gratidão leva a uma vida mais saudável, mais completa e mais altruísta. Pessoas focadas nas coisas pelas quais são gratas (ao invés de aborrecimentos e frustrações) vivem melhor que as outras. Têm menos chances de adoecer e são mais ativas, esperançosas e caridosas com outras pessoas.

Deus deseja que os Seus seguidores demonstrem um coração grato. Por exemplo, o Salmo 92 diz: "Ó Senhor Deus, como é bom dar-te graças!" (v.1). No Novo Testamento, Paulo encoraja seus irmãos em Cristo a serem "agradecidos a Deus em todas as ocasiões" (1 Tessalonicenses 5:18).

Será que uma das razões por que as Escrituras enaltecem a importância da gratidão é o benefício mútuo entre nós e os outros? Tudo indica que sim! Pelo jeito, ser grato é o melhor para todos os envolvidos. No fim, a gratidão gera pessoas enriquecidas que desejam espalhar o amor e a alegria de Deus aos outros.

Não entenda mal. Incorporar a gratidão em nosso viver não significa sair por aí com um sorriso bobo na cara, negando as dores e injustiças da vida. Não precisamos sacrificar a realidade para ser gratos. Basta apenas adotar uma atitude de gratidão que influencie cada momento do dia (Efésios 5:20).

Como tudo que vale a pena na vida, praticar a gratidão dá trabalho. Para os que tendem a centrar-se nos aspectos negativos, mudar o tom pode dar maior trabalho. Mas todos são capazes de ser gratos. E quando vivemos isso, mostramos ao mundo que o nosso Deus é tremendo e digno de todo nosso louvor e gratidão (Salmo 75:1). Ele é glorificado e as pessoas são abençoadas por nossa atitude de gratidão. Dê uma chance à gratidão. Ela mudará a sua visão de Deus, dos outros, e de você mesmo. —*Jeff Olson*

LEIA 1 Tessalonicenses 5:16-22

¹⁶ Estejam sempre alegres, ¹⁷ orem sempre ¹⁸ e sejam agradecidos a Deus em todas as ocasiões. Isso é o que Deus quer de vocês por estarem unidos com Cristo Jesus. ¹⁹ Não atrapalhem a ação do Espírito Santo. ²⁰ Não desprezem as profecias. ²¹ Examinem tudo, fiquem com o que é bom ²² e evitem todo tipo de mal.

EXAMINE

"Estejam enraizados nele, construam a sua vida sobre ele e se tornem mais fortes na fé, como foi ensinado a vocês. E deem sempre graças a Deus" (Colossenses 2:7).

CONSIDERE

Hoje, qual é o motivo da sua gratidão? Por que Deus é digno da sua gratidão?

DIA 89 »»»»»»

FORTE E BELA

...assim como o ramo só dá uvas quando está unido com a planta, assim também vocês só podem dar fruto se ficarem unidos comigo.
(João 15:4)

Um jovem perturbado certa vez disse ao pastor Ray Stedman: "Não sei o que há comigo. Quero ser um bom cristão, e me esforço para isso, mas por alguma razão eu nunca consigo. Sempre faço a coisa errada. Não consigo viver como um cristão".

O pastor apontou para um pinheiro e disse: "Quais qualidades esta árvore sugere a você?". O jovem respondeu: "É forte e bela".

O pastor Stedman disse: "Exato! Força e beleza. Não é isso que você busca para você também? De onde ela tira essa beleza e força?". O jovem respondeu: "Das raízes."

Em João 15, Jesus também usou uma planta para ensinar os Seus discípulos uma lição semelhante (v.1). Ele descreveu os discípulos como ramos unidos a Ele mesmo — a videira. Um ramo consegue dar fruto sozinho? Não. É preciso extrair nutrientes e água da videira. Jesus quis dizer que o segredo para gerar frutos não estava na força ou em nossa determinação, mas em estar unido à Fonte da vida.

No verso 7 Jesus promete: "Se vocês ficarem unidos comigo, e as minhas palavras continuarem em vocês, vocês receberão tudo o que pedirem".

Este versículo não é um convite para perseguirmos nossos próprios desejos egoístas. No entanto, ele demonstra que ao orarmos extraímos de Deus os recursos necessários para produzir frutos. O verso 8 fala sobre o resultado de uma oração respondida: "E a natureza gloriosa do meu Pai se revela quando vocês produzem muitos frutos e assim mostram que são meus discípulos".

Você quer ser forte e cheio de beleza espiritual? Permaneça em Jesus e dependa dele! Ele com certeza responderá os clamores do filho de Deus que está produzindo frutos através do Seu poder. —*Poh Fang Chia*

LEIA› João 15:1-8

¹ *Jesus disse: — Eu sou a videira verdadeira, e o meu Pai é o lavrador.* ² *Todos os ramos que não dão uvas ele corta, embora eles estejam em mim. Mas os ramos que dão uvas ele poda a fim de que fiquem limpos e deem mais uvas ainda.* ³ *Vocês já estão limpos por meio dos ensinamentos que eu lhes tenho dado.* ⁴ *Continuem unidos comigo, e eu continuarei unido com vocês. Pois, assim como o ramo só dá uvas quando está unido com a planta, assim também vocês só podem dar fruto se ficarem unidos comigo.*
⁵ *— Eu sou a videira, e vocês são os ramos. Quem está unido comigo e eu com ele, esse dá muito fruto porque sem mim vocês não podem fazer nada.* ⁶ *Quem não ficar unido comigo será jogado fora e secará; será como os ramos secos que são juntados e jogados no fogo, onde são queimados.* ⁷ *Se vocês ficarem unidos comigo, e as minhas palavras continuarem em vocês, vocês receberão tudo o que pedirem.* ⁸ *E a natureza gloriosa do meu Pai se revela quando vocês produzem muitos frutos e assim mostram que são meus discípulos.*

EXAMINE›

Salmo 1:1-3
Jeremias 17:7-8

CONSIDERE›

De que maneiras você tem se valido de sua própria força para o crescimento espiritual? Como você pode produzir frutos através do poder de Jesus hoje?

DIA 90

PREGUIÇOSOS E AGITADOS

Quem tem juízo colhe no tempo certo, mas quem dorme na época da colheita passa vergonha. (Provérbios 10:5)

"Preguiçoso? Não eu. Sou atarefado. Acordo cedo e durmo tarde. Minha agenda é cheia do começo ao fim. Adoro o que faço e gosto de produzir. Devoro as listas de tarefas com a mesma intensidade com que jogo basquete."

Identifico-me completamente com essas palavras de um blogueiro cristão. É ótimo estar ocupado e produzindo, certo?

No entanto, se compreendermos o significado do verdadeiro discernimento demonstrado no livro de Provérbios, poderemos descobrir que somos apenas preguiçosos agitados. Eis a razão. Provérbios 10:5 descreve a pessoa ajuizada como ocupada e sábia. Em outras palavras, uma pessoa ajuizada usa a sua força e o cérebro. Analisa a situação e toma decisões sábias sobre seu trabalho. Sabe como agir e falar em situações diferentes. Não foge de desafios, mas os analisa com a ajuda de Deus. Sabe que sabedoria não é sinônimo de quociente de inteligência alto, mas de saudável temor ao Senhor (9:10).

Uma pessoa de bom senso também se prepara em expectativa pela colheita. Tem uma meta clara a cumprir e toma as atitudes apropriadas no tempo certo para colher na melhor época.

Essa pessoa reconhece que a agitação não nos torna imunes à preguiça. As pessoas podem se ocupar e ainda assim não realizar algo de valor. Podem se ocupar, fazendo as coisas erradas na hora errada. E aquilo que realmente deveriam fazer, não o fazem.

O bom senso procede da análise, expectativa, ação apropriada e realização — provenientes da ação do Espírito Santo em nosso interior. Ao considerarmos nossos afazeres, concentremo-nos nas prioridades e projetos que se originaram nos sábios planos de Deus. Ter zelo por Deus não significa apenas ocupar-se.

—*Poh Fang Chia*

LEIA › Provérbios 10:1-9

¹ *O filho sábio é a alegria do seu pai, mas o filho sem juízo é a tristeza da sua mãe.* ² *Aquilo que se consegue com desonestidade não serve de nada, mas a honestidade livra da morte.* ³ *O S*ENHOR *Deus não deixa que os bons passem fome, mas impede os maus de conseguirem o que tanto querem.* ⁴ *O preguiçoso fica pobre, mas quem se esforça no trabalho enriquece.* ⁵ *Quem tem juízo colhe no tempo certo, mas quem dorme na época da colheita passa vergonha.* ⁶ *Os bons são abençoados. As palavras dos maus escondem a sua violência.* ⁷ *Os bons serão lembrados como uma bênção, porém os maus logo serão esquecidos.* ⁸ *Quem tem juízo aceita os bons conselhos; quem não tem cuidado com o que diz acaba na desgraça.* ⁹ *A pessoa honesta anda em paz e segurança, mas a desonesta será desmascarada.*

EXAMINE ›

Provérbios 6:6-11
2 Timóteo 2:3-5

CONSIDERE ›

O que o mantém ocupado? Como você precisaria reorganizar sua agenda desta semana para glorificar a Deus, ainda mais?

Se você gostou desta leitura, compartilhe com outros!

- Presenteie alguém com um exemplar deste livro.
- Mencione-o em suas redes sociais.
- Escreva uma avaliação sobre ele em nosso site ou no site da loja onde você o adquiriu.
- Recomende este livro para a sua igreja, clube do livro ou para seus amigos.

Ministérios Pão Diário valoriza as opiniões e perspectivas de nossos leitores. Seu *feedback* é muito importante para aprimorarmos a experiência de leitura que nossos produtos proporcionam a você.

Conecte-se conosco:

Instagram: paodiariooficial
Facebook: paodiariooficial
YouTube: @paodiariobrasil
Site: www.paodiario.org

Ministérios Pão Diário
Caixa Postal 9740
82620-981 Curitiba/PR

Tel.: (41) 3257-4028
WhatsApp: (41) 99812-0007
E-mail: vendas@paodiario.org

Escaneie o QR Code e conheça todos os outros materiais disponíveis em nosso site:

publicacoespaodiario.com.br